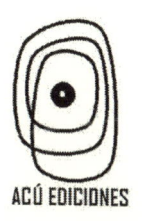

La Casa Maldita

Jaime Saíz

ACÚ EDICIONES

La Casa Maldita

Jaime Saíz

Publicado en Estados Unidos
Copyright © 2018, Jaime Saíz
Copyright © 2018, Diseño de cubierta: W Diseños
Copyright © 2018, De esta Edición Acú Ediciones.

Todos los derechos reservados. Ninguna parte de este libro puede ser reproducida o retransmitida de cualquier forma o por cualquier medio, electrónico o mecánico, sin permiso escrito del propietario del copyright.

Esta es una saga policíaca, una obra imaginaria como las anteriores. Cualquier semejanza con personajes reales es intencional, pero fantasiosa, y engendra costumbre de lectura.

All rights reserved.
Printed in the United States
ISBN-13: 978-1723517709
ISBN-10: 1723517704

Agradecimientos

A los tres príncipes: Cansancio, Aburrimiento y Desinterés. Desde hace mucho me desatienden, lo cual agradezco.

Dedicatoria

A mis amigos distantes

A quien pueda interesar

A todos. En definitiva, tendrán la oportunidad del disfrute.

Tte. Torrealta Delgado

Ulises Portinot

Primero, lo último

Amigos y vecinos, esto es todo lo que vieron hoy y narrarán mañana. Nos vemos pronto, levanten al muerto y entiérrenlo. Apesta ya. Adiós».

Así termina la historia que empezarán a leer ahora. Sujétense al asiento.

Todos comenzaron a llamarla «la Casa Maldita», y no en balde, sus moradores, tanto hombres como mujeres, acababan ahorcándose, y nadie lograba desentrañar los motivos.

La desdichada familia de don Gerónimo —segundos en habitarla—, estaba compuesta de tres personas: Gerónimo, un hombre pálido y de aspecto corriente, de unos cincuenta años, y dos mujeres cuarentonas, pero igualmente desteñidas, aunque no mal vestidas. Por la edad y comportamiento de los tres parecían hermanos de sangre, aunque alguien, con la sutileza del veneno en la carne, comentó que eran amantes, una especie de trío con intenciones placenteras y patéticas. El tal Gerónimo Correa arrendó la vieja y destartalada vivienda al dueño distante a través de un representante en Mayarí. La casa que ya venía con una historia de muerte, —por eso nadie la ocupaba y ni al gobierno ni a nadie le interesaba en absoluto, ni para echarla abajo y construir otra sobre las cenizas—, gozaba de una historia tétrica. Los vecinos en el barrio del Naranjal hacen memoria:

«Se cuenta que, terminada la guerra de independencia, en 1898, un marine norteamericano, de los que llegaron al pueblo después de la «Batalla de Nipe», en la cual, el comandante español cuando divisó a los buques norteamericanos que entraban por la boca de la bahía, para evitar cayera en poder del enemigo el crucero de primera clase Jorge Juan, bajo su mando, ordenó hacerle unos boquetes al casco, y el grandioso barco se fue a pique. Montaron en el lanchón Guantánamo y navegaron río arriba hacia la vuelta larga del río. Hicieron lo mismo con el lanchón y de allí, a pie, tomaron rumbo a Mayarí. Sin embargo, con la huida no impidieron que los yanquis entraran al pueblo y los sometieran a rendición. La guerra había acabado con la firma del Tratado de Paz de París (10-12-1898), y en el artículo primero rezaba: *«España renuncia a todo derecho de soberanía y propiedad sobre Cuba. En atención a que dicha isla, cuando sea evacuada por España, va a ser ocupada por los Estados Unidos, que mientras dure su ocupación, tomarán sobre sí y cumplirán las obligaciones que por el hecho de ocuparla les impone el derecho internacional, para la protección de vidas y haciendas»*.

Los marines ocuparon la villa y fabricaron un cuartel de madera en la banda izquierda de la bajada al muelle, en la confluencia de la calle de La Marina y Valenzuela. Uno de aquellos marines, que arribara en mal estado de salud, se casó con una criolla y se quedó a residir en el barrio del Naranjal. Tuvieron un hijo que al cumplir siete años vio como sus progenitores aparecieron muertos en la casa de esta historia macabra. Con la misma soga, pasada por el dintel, y en los extremos la horca; acabaron juntos, mirándose las caras, tan pegados, que no lucían muertos, sino bailadores de un son siniestro. Según quien los descubriera dos días después y atestiguara a las autoridades, dijo que: el niño estaba dormido a sus pies y, ellos parecían dos pencas de bacalao que colgaban de la puerta. Al niño lo vino a buscar un familiar de la morena y se lo llevó, jamás se supo a dónde».

La casa fue sometida a subasta pública. Nadie deseaba comprarla porque se decían cosas aterradoras de ella. Hasta que años después vino un abogado de Santiago de Cuba, albacea del verdadero propietario, un tal Demetrio, de Jiguaní, y la adquirió por una bagatela de asombros. Fue restaurada convenientemente con fines de rentarla. Tiempos después llegó una familia desde Jiguaní, lugar donde residía el propietario, compuesta por un hombre anciano y dos mujeres, y se la alquilaron al apoderado mayaricero, Cívico López, por la suma risible de un peso semanal. Una vez acomodados los tres personajes aludidos, sin motivos aparentes, comenzaron a quitarse la vida. Aparecieron colgados en el mismo dintel de la puerta trasera que daba acceso al patio que a su vez se sumergía en el arroyo Pontezuelo, pegado al puente de hierro, las dos mujeres primero. Y en eso llegó la policía municipal, incapacitada para determinar algo distinto que no fuera ahorcamiento por su propia voluntad, lo cual supuso que el hombre quedara fuera de sospechas para encausarlo. Y, aunque hubo dudas sobre él, y una especie de averiguación policial nada ortodoxa, una vez que el hombre apareciera colgado del mismo dintel, al siguiente día, cesó todo proceso de investigación. El caso, si alguna vez lo hubo, quedaba cerrado.

Pasaron cuatro meses y la casa permanecía a la margen del Pontezuelo como un fantasma inhabitable, a la espera de la próxima víctima. Y otra familia la alquiló y vivió en ella como si no les importara el horrendo presagio de muerte que le atribuían los lugareños ni les causara terror los murmullos fantasmales del marine yanqui, que se paseaba por la casa en noches de voces acalladas por los gritos de súplicas de condenados en mazmorras infernales. Los vecinos no pasaban frente a la casa, y en caso obligado, se santiguaban tres veces sin mirarla y luego iban a ver a la santera MaDolores, a que les evitara los maleficios de la Casa Maldita; y por cada arrendador que la ocupaba estaban a la expectativa de una historia de fatalidad repetida.

Aquella era una pareja de una edad que entraba en los sesenta y algo, que arrastraba un hijo de diecisiete años, medio aturdido de la mente por enfermedad nunca declarada y aunque expuesta a los rumores pueblerinos, jamás supieron con certeza la causa ni estragos que causaba su mal. La vecindad los aceptó tal eran, y aunque hubo quien les advirtiera sobre la casa de paredes maldecidas, la pareja rio con ganas, sobre todo el hombre. Al cabo de una semana apareció la mujer ahorcada en el mismo dintel y al otro día el supuesto esposo, con idéntico método y en el mismo fatídico lugar. El joven incapacitado, quedó solo y sin parientes. Y esta investigación de Torrealta y Ulises comienza aquí, justo en el momento en que son reclamados para resolver el caso misterioso de, «La casa maldita».

***

—Bien, bien —dijo Torrealta—. Tú me cuentas una historia algo fantasiosa, señor que llevas puesto un nombre impronunciable...

—Mamerto, señor. Se dice fácil. Mamerto.

—Bueno bien. Me juras que viste a la mujer con sus ojos abiertos y las manos engarrotadas, ¿no es eso?

—Lo dicho, señor, lo vi con estos ojos…

—Ojos de niño —lo detuvo Ulises.

—Un niño, sí. Oiga, señor ¿insinúa que lo dicho por mí no es verdad?

—Nunca expresaría eso —aclaró Ulises—. Yo quiero decirle que no es lo mismo la impresión y conocimientos que tiene un niño que un adulto ¿cuántos años tendría usted para entonces?

—Vamos a ver… unos diez, sí, porque nació ese mismo mes mi hermana Leonorita, la *Pinta*.

Ulises lo dibujó: flaco, piel cobriza, acerado el cuerpo a pesar de los maltratos del tiempo, de pecho abultado, hablador sobrado, de nombre absurdo: Mamerto».

—Dígame una cosa —dijo Ulises—. ¿Es nombre o nombrete?

—Nombre, y a mucha honra. Lo mantuvo mi padre, de mi abuelo, y creo que, para atrás hasta llegar con el primer dueño del hato de Mayarí, y al muelle del Pontezuelo llegaban las goletas y se veían los caimanes en la orilla del paso del río, en la bajada de Chavaleta.

—Bien, eso no importa —lo detuvo Torrealta—. Y ya que tienes buena memoria, dime si viste también al hombre.

—Claro que lo vi, como a usted, ahora. Estaban juntos

—Bien. ¿Notaste si estaba mojado en sus braguetas?

—Oiga, ¿usted me pregunta si el *meao* lo mojaba, como a los borrachos?

—Sí.

—Oiga ¿quién se pone a mear a esa hora?

Torrealta se alteraba. Era insoportable que no entendieran sus preguntas. Lo topó con sus dedos de piedra sobre el hombro, dos veces.

—Contesta ¿vio o no vio orine en sus pantalones?

—No recuerdo, vea. Eso fue para mil novecientos y algo. Échele años y verá que no son pocos.

—Sin embargo, recuerda a la mujer, con el detalle de sus ojos y las manos engarrotadas.

—Mujer es mujer, señor. Era linda la morena.

Torrealta calculó rápido, y se dijo: «cincuenta tiene el hablador; ¿pasaron cuarenta del loco marinero con la morena?; dos meses del trio; diez días atrás el muchacho sobreviviente». Entonces, lo abordó:

—La mujer ahorcada reciente, la del hijo que se salvó ¿la viste?

—¿Al hijo?

—A la mujer.

—Déjame ver… No. Yo estaba jodido, de un *nacío* en el *culantro* ¿sabe de qué hablo?

Torrealta negó con una mueca.

—Aquí, vea. Un tumor en las tapas.

El teniente conservaba una cara incrédula que el hombre mal interpretó.

—¡En el culo!

Torrealta sintió el latigazo de una imagen desagradable. Miró a Ulises para que continuara. El pequeño amigo preguntó:

—Y, en el hombre colgado, supuesto marido, ¿vio la trampilla mojada?

—¿La qué?

Torrealta intervino. Ulises lo entretenía y una idea surcaba su mente como el humo del cigarro pasaba por sus ojos en esos momentos.

—Tú naciste aquí, me dijeron. Tienes que conocerte todo el pueblo.

—Sí señor. Nací en el corazón del Naranjal, que lo sembrara de naranjas don Justo Jaime, mi padrino. Dicen que peleó en la guerra.

—Veo que tienes buena memoria. Eso me hace falta, alguien que tenga buena memoria. ¿trabajarías para nosotros? con buena paga, claro.

—Pues sí. Si me pagan bien trabajo en lo que sea. Falta que me hacen unos pesitos.

—Lo tendré en cuenta ¿a dónde me dijiste que tienes la casa?

—Allá —señaló hacia la falda de la loma de Cámara—, en la casita azul. Ahí tiene su casa.

—Gracias —dijo Torrealta.

Ulises se asombró de la amabilidad de su jefe. Algo tramaba. Una respuesta comedida suya era indicios de trampa, de que algo fraguaba y él debía estar atento a una señal. Volvió a la pregunta anterior.

—Dime entonces —se abalanzó el teniente como el perro ratonero apenas huele la presa en su madriguera—, en el hombre que se ahorcó... ¿sí viste la orine?

—Creo que sí, vea. Y ahora comprendo por qué me pregunta. Dicen que se mean los que se guindan por el pescuezo ellos mismos. Pues sí, yo lo vi *meao*, como sucede a los borrachos. Yo tenía un tío que se orinaba cada vez que cogía una *fuega* de aguardiente. Estaba varios días bebiendo y...

—Sí, sí. Ya lo suponemos —interrumpió el teniente—. ¿Vio al muchacho cerca del colgado?

—¿A quién? ¿Al anormal? No. El muy pichón abandonó el nido ese día. Dicen que lo vieron por el Quebracho ¿sabe dónde queda?

—No, no sé ni me interesa saberlo. ¿cómo te llamas?

— Mamerto, ya se lo dije. Oiga, a usted le patina la memoria.

—¿Tú crees? —el teniente sonrió—. Bien, te diré Enrique. El nombre que te pusieron no me gusta. Te veo pronto, si es posible, Enrique.

—Luego que dieron con él, en el parque, lo metieron en su casa las Cubilla —continuó Mamerto como si no lo hubieran despedido.

—¿A quién? —preguntó el teniente.

—Al muchacho anormal. Usted me preguntó por él ¿no lo recuerda ya?

El teniente Torrealta volvió a sonreír. Ya solos, no se dijeron nada. Estaban como anestesiados por una desazón que les amargaba el paladar, de malos augurios.

Cantaban los gallos de todos los patios mientras salían de la Casa Maldita, agobiados por un halo de incertidumbre y mala fibra. Habían visto suficiente para no determinar nada: un portal, sala, saleta, dos cuartos a la banda derecha, cocina al final, y escusado en el patio, casi a la rivera del arroyo. Decidieron visitar al alcalde y preguntarle cuál policía descolgó a los muertos y qué había sido del muchacho huérfano el cual no podía obrar con soltura, pero testigo excepcional del posible suicidio de sus padres, si él, Eduardo Torrealta Delgado, determinaba suicidio, ya que la evidencia de la orine era crucial y ya le parecía homicidio combinado con suicidio. Le preguntó a Ulises, en la caminata obligada hacia el centro del pueblo:

—¿No notaste nada raro en la versión del engañoso Enrique?

— ¿De cuál Enrique?

—De Mamerto.

—No ¿de qué se trata?

—Nada, nada. Son cosas mías, ya me conoces.

Pasaron el puente de hierro que fuera bautizado Campuzano y lo renombraran Carlos M. de Céspedes por una votación del congreso de 1919 y sancionado por el presidente Mario García Menocal. Doblaron a la izquierda, pasaron frente a la escuela pública, luego doblaron a la derecha en la calle de La Marina y enfilaron rumbo al ayuntamiento. Pasaron junto al correo; pasaron junto al parque, en el centro un vigilante de mármol castigado de por vida a mirar con cuencas vacías hacia el sur, sin brazos ni piernas para defenderse o escapar de la pésima memoria de sus coterráneos. Y, con los sudores que empapaban sus camisas llegaron a la oficina del alcalde municipal, don Lecusay.

—Sambenitaron la casa, señor Torrealta. Yo le aseguro que todo es obra de la casualidad —dijo el alcalde Belisario.

Ulises se colocó la cachimba de medio lado y dejó caer la duda:

—O, quien sabe si vinieron a morirse ahí. Fíjese que todos llegan de fuera, ninguno es vecino de la villa.

—En tal punto lleva usted razón, señor Ulises. No me había percatado de tal detalle revelador. ¿Creen ustedes que exista un misterio?

—Ahora —intervino Torrealta—, dígame quién es el propietario de la maldita casa.

—No es de aquí. Es don Demetrio Portela Palacios, hombre próspero, líder del partido liberal, como el mío; también es dueño de nuestro único cine, y poseedor de tierras cultivadas por vuelta de Cabonico.

—¿Dónde vive?

—En Jiguaní, pero tiene un apoderado entre nosotros, del partido liberal y...

—Nombre.

—Cívico López, procurador y hombre de nuestra confianza. Si usted quiere, mando en su busca con carácter de diligencia de gobierno.

—Bien, será luego —atajó el teniente—. No hay apuros. Y ¿El muchacho?

—¿El inútil?

—Tiene nombre —dijo Ulises.

—Calcio Manteca, sí. Vive con las Cubilla. Ellas se hacen cargo, pues pertenecen a las Damas Católicas. El muchacho es una botella vacía que flota en el mar, no dice ni esta boca es mía. Es un caso perdido.

—Así que dicho muchacho no estaba en la casa y apareció bajo un árbol —dijo Ulises.

—El Quebracho. Sí señor.
— ¿Dónde queda el Quebracho?
—Al sur, en el parque Barceló. Bueno, hubo un árbol de quiebrahacha que hoy llamamos así.
—¿Hubo?
—En los tiempos de mi abuelo Delfín. Tan grande que, la sombra suya protegía del sol. Como el lugar es la parte más alta del pueblo, sabe usted, las aguas crecidas no llegaban ¿comprende el punto? Allí iban a refugiarse con las inundaciones tremendas, inundaciones que hace este río a cada rato ¿sabe? Hoy en día llegamos con las procesiones del santo Gregorio hasta ese punto, para pedir que llueva. Es una costumbre...
—Sí, sí. Dime una cosa, ¿quién se encargó de bajar a los ahorcados?
—Los únicos dos vigilantes municipales que paga nuestra alcaldía; el cabo Merengue y su ayudante... El Churre.

Ulises lanzó su risa sin sonido y logró taparse la boca antes de que Torrealta lo mirara serio y con gesto regañón.
—Bien, los veré luego. Vámonos Ulises.

El alcalde Belisario quiso detenerlo con una pregunta futurista, para rellenar la curiosidad.
—Teniente, ¿por dónde iniciará con sus investigaciones?

Torrealta lo miró de soslayo y comenzó a caminar hacia la puerta sin decir ni un hasta luego. Ulises pasó pegado al alcalde, y bajito le dijo:

—No vuelva a preguntarle sobre sus próximos pasos.

—¿Por qué?

—Nunca lo dice, ni siquiera a mí.

La soga

Sería mejor no atreverse a tanto, que Torrealta no se encasquillara con los detalles, que no fuese tan «jodidamente agresivo», como dijera el alcalde, para evitarse los aprietos y desavenencias con la población. Pero, el teniente Torrealta era así, atrevido, salvaje, imprevisible. Nunca cambiaría sus métodos de investigación.

Ocuparon la casa maldecida y temida por todos y desde allí empezaron a citar a quienes tendrían algo que decir. El primero había sido Enrique, el hablador. Le tocaba el turno a Calcio Manteca, el muchacho que todos creían inútil, que no podría declarar sobre la gravedad de los sucesos.

Lo llevaron casi a empujones a la Casa Maldita, donde él viviera con los suicidas o víctimas de un homicidio horrendo, tal vez la única persona que supiera la verdad sobre el tremendo caso.

—Calcio ¿se siente bien? —empezó Ulises.

El muchacho miraba, con la vista perdida, como si no oyera o entendiera el porqué estaba allí.

—¿Puedes hablarnos? —insistió Ulises.

Torrealta se desesperaba. Si algo no le cuadraba era lidiar con los desentendidos, no con los mentirosos o bandidos que desean ocultar sus actos con a toda costa, sino con aquellos desentendidos, los que les resbalaba la palabra, les importaba un bledo su entorno.

—No tienes orejas ni lengua —sentenció Torrealta.

Ulises supo que llegaba la peor parte de un interrogatorio que acompañaba a su jefe en momentos desesperados. Trató de disuadirlo:

—Jefe, déjemelo a mí.

—Espérate —ordenó el teniente.

Se fue a la cocina. En el dintel la soga, la que sostuviera por el cuello hasta dejarlas sin aliento a los dos cuerpos suicidas, los supuestos padres del que se hacía pasar por sordo mudo o en realidad lo era. La zafó sin desbaratar el nudo opresor y fue directo al muchacho, que de tan solo ver la cuerda se inquietó hasta el punto de emitir un quejido lastimero, de perro adolorido. Ulises entendió la situación penosa y no pudo evitar el ímpetu con Torrealta se echaba encima del desgarrado muchacho con ojos de vaca degollada.

—Toma —le puso la soga en el pecho—. Cuélgate, así terminamos rápido.

Ulises estaba al borde de creerlo enloquecido.

—Jefe…

—Cállate Ulises. Déjame solo con este, que si no lo hace lo guindo yo mismo. Vete de la casa, Ulises, hazme ese favor.

Ulises nunca lo vio en ese estado de demencia. Presagió un final desgraciado. Conocía a Torrealta y estaba seguro de que cumpliría una amenaza. Se mantuvo firme. ¿Sería una farsa? No había visto ninguna seña acordada para estos casos.

—Jefe, no cometa un disparate. El muchacho va y habla y podemos irnos a casa sin problemas.

—Vete, Ulises, te lo pido por última vez.

Ulises obedeció. Retrocedía con pasos cortos, tambaleantes, con la seguridad de que se iniciaba un final infeliz para sus correrías aventureras detrás de los maleantes. Recordó los peores momentos vividos juntos y jamás —lo buscó en su memoria—, jamás el jefe miró con aquellos ojos que daban miedo, ojos desesperados, de asesino.

Torrealta pasó la soga por el cuello del muchacho aterrado y lo jalaba como un animal al degolladero, y Ulises estaba sin palabras y pensaba en la posibilidad de un milagro y traía a su mente el día fatal en el cual el jefe perdió a su mujer y que, delante de él su matador la violara. Era una imagen desgarradora, vivida por aquel hombre entero, de carácter único, de decisiones que no tenían retroceso.

Torrealta pasó la soga por el dintel y tiró de ella de manera que el muchacho quedó en puntillas y trataba de zafarse la horca que apretaba y en ese angustioso momento, nunca sufrido por Ulises, la víctima dijo:

—Yo no fui.

Hasta el teniente Torrealta se sobresaltó. Ulises se recostó del marco de la puerta de salida. Ambos estaban como si hubieran corrido unas millas delante de un toro bravo, y los sudores le tapaban la vista.

Torrealta, no obstante, sacó su revólver y apuntó a la cabeza y vio los ojos bañados en lágrimas y el cuerpo desplomado que no podía sostenerse en pie. Ya para entonces Ulises lo aguantaba, y le decía al oído que cooperara, que él lo ayudaría pasara lo que pasara. El muchacho reaccionaba rápido, de cara a la muerte se le habían aflojado las piernas y la lengua.

—Yo no fui —repitió y se tapó la cara.

—Ya lo sabemos —dijo Ulises y agregó, compasivo—. Si puedes decirnos algo, cualquier cosa que nos ayude, te lo agradeceremos.

Torrealta bufaba en un rincón; el revólver de cachas negras sujeto con rabia como si no pudiera meterlo en la sobaquera.

—Yo le digo.

—¡Bien, habla ya! —Torrealta soltó la frase como un disparo.

—Jefe, tenga calma. Calcio se toma su tiempo, pero hablará. Confiemos.

Calcio suspiró hondo. Le costaba trabajo pronunciar una sola palabra, el miedo lo tullía como un animalito frente a su depredador. Y habló, tanto, que hubo necesidad de dejarlo a sus anchas, para que no se sintiera oprimido. Al cabo de media hora había dicho todo cuanto sabía, que, resumido por Ulises —intérprete de palabras incomprensibles o mal pronunciadas— quedó en unas notas cortas, pero aclaratorias:

«Huérfano de madre y padre. Ella, la tía Eulalia. Él, Homero, un hombre del pueblo de Jiguaní. Tía y sobrino sin techo. El hombre los ayudaba y la tía y él se unen. Él los invita a Mayarí. Discuten mucho de algo que no comprende. Ella vomita, tiene mareos. Calcio abandona la casa. No sabe más. Calcio es entendedor; finge mudez; dificultades al andar; no capacitado con las manos. No está presente en el supuesto suicidio».

***

Las Cubilla, dos mujeres hábiles y excesivamente religiosas, cumplidoras con el deber de la fe y con la sociedad, llegaron en busca de Calcio. Se lo llevaron, como habían convenido. Torrealta accedió sin demoras no sin antes le escucharan la advertencia de que Calcio no era mudo, y que tuvieran cuidados extremos con él. Ellas se lo llevaron. Torrealta se paró delante de su amigo y le dijo:

—Ulises, voy al pueblo. Veré a un médico para que nos ayude un poco en este caso del muchacho y posible me llegue al cementerio.

—¿No le creyó, jefe?

—Un poquito. Él es un caso clínico, y un médico es el indicado para averiguarlo, y podría servirnos su información para nuestras deducciones. Otra cosa. Perdona mi aptitud de ahorita, ¿me pasé de rosca?

—Ya lo sé, y descuide. Recuerde que llevamos tiempo juntos. Al final entendí que no había otra forma de sacarle lo que sabía.

—Bien, me alegro de que entendieras. Dime tu opinión del caso.

—Jefe, me parece que no miente.

—Bien. Anota ahí otro detalle, y no preguntes nada.

—Apunto, jefe, sin preguntas.

—¿El hombre ahorcó a la mujer, y luego se suicidó con la misma soga?

—Jefe, eso es revelador. ¿Un rito pagano? ¿Una venganza?

—Te dije que no preguntaras.

—Jefe, una sola pregunta: ¿puedo saber cómo llegó usted a esa conclusión?

—No preguntes. Y no es ninguna conclusión, solo manejo dudas, ya me conoces.

—¿Por qué, jefe?

—Porqué ¿qué?

—¿Por qué no me dice?

—La verdad, la respuesta no me la sé, aún. Anota la frase, es reveladora de mi personalidad y te sirve para la biografía.

Ulises se carcajeaba mientras el teniente salía por la puerta trasera de la Casa Maldita y le decía, de espaldas:

—Nos vemos luego, amigo preguntón. Ponte a trabajar, cita a quien entiendas que sabe algo, todo vale en este caso.

***

En la calle de *Alante,* la Leyte Vidal, estaba la Clínica Galán. Torrealta vio al doctor. En su primera impresión anotó en la profunda hoja de su mente: «Grandón, negro, cabeza pelada al raspe, voz chillona, ojos pícaros».

—Doctor Tioniolino Jonás Galán y Breal. Ese soy yo. Usted dirá, teniente Eduardo Torrealta y Delgado ¿no es su nombre completo?

—Seguro.

—Me dijo un amigo de logia, Eladio Salgado, pues somos Oddfellows, que uno siempre debe pronunciar el nombre de quien tenga al frente, pronunciarlo correctamente, eso le da confianza y es síntoma de respeto. ¿usted, Eduardo, qué piensa de ello?

El teniente lo miraba, pasmado. Era el médico, además de hablador sobrado, elocuente, con ínfulas de orador de calle. El doctor Galán no tuvo respuesta y entendió que debía seguir su discurso.

—Lo escucho, Torrealta. Viene a verme por el caso del joven Calcio, el de las hermanas Cubilla.

—Seguro.

Galán lo miró extrañado, aunque el alcalde le hablara de él, de sus formas, no se hizo una idea firme hasta que lo tuvo al frente. Era peor la realidad que le pintaron.

—¿Qué quiere saber usted? —preguntó el doctor con parsimonia.

—¿Lo viste?

—¿Al muchacho? Sí, por supuesto, por petición del alcalde Belisario Lecusay. Me da la impresión de que tiene una enfermedad mental debido a una vida desajustada. Pobre, sin padres, con una mujer que lo trae desde Jiguaní y sabe Dios qué intenciones tenía ¿me explico? No habla, es débil de cuerpo, no quiere comer los magníficos platos que cocina doña María; y, por si fuera poco, tiene sarna ¿no lo notó usted?

Torrealta lo atendía en silencio, cansado de preguntar prefería que dijera una tonelada de sandeces antes de irse a otra parte. Así lo midió, tomó su pulso en los brincos del habla tormentosa, en su lengua medio trabada en ocasiones, y en sus nervios sensibles, un tanto afeminado el gesto. Escuchó la palabra café y despertó de sus anotaciones mentales. Era una mujer blanca; no, muy blanca; no, demasiado blanca. Demasiado blanca para que resultara la esposa del doctor Jonás Galán Breal. Y lo era.

—Tenemos un hijo —dijo ella—, bueno es de él, con otra mujer. Él estudió en Francia, pero no le gusta la medicina, aunque acá, el doctor, insista —señaló a Galán—. Lo que le gusta es la moda. Imagínese, Paris... ¿estuvo en Paris?

Torrealta pensó: «¿Por qué todo el mundo me pregunta cosas? ¿Dónde queda esto; aquello; si sabe de lo que hablo; si ha visto tal o más cual ciudad; por dónde le entra el agua al coco?

—No —dijo.

—Es bello Paris. Mi hijo tiene...

El doctor intervino.

—¿Fuma usted? Puede fumar si quiere, aunque hace daño en este ambiente clínico, puede fumar, sin pena ¿qué marca le gusta?

Torrealta pensó: «y ¿para qué quieres saberlo?»

—H Upman —dijo.

—Menos mal que fuma cigarros del patio y no los americanos. Cuba no progresa comprando sino vendiendo ¿Sabías eso? lo dijo Martí, el apóstol.

—Dime qué se puede hacer con el muchacho, en caso de que sea culpable de asesinato —preguntó, harto de escuchar lo que no quería oír.

—¿Asesinato? Eso no es asunto médico. Debe buscar al juez, a las autoridades competentes, al capitán de la Policía Nacional, don Dumas Rodríguez.

—Sí lo es. Yo quiero que vayas y me analices el cuerpo de la mujer.

—Para eso hay un forense, don Pedro...

—No hay ninguno hoy. El forense anda por Camagüey. ¿Ayudas o no?

—En ese caso, sí. Pero antes pedimos el consentimiento y aprobación del juez Sigarreta y del alcalde municipal, don Belisario.

—Bien. Yo me encargo de la autorización. ¿Me ayudas?

—Sí, teniente Torrealta. Soy un galeno ¿sabe usted sobre el juramento...?

—No hace falta que me diga el juramento de los galenos.

—No lo crea, en estos tiempos ocurre de todo. Mire, usted ignora que los amores matan a los enamorados. Le explico porque veo que no sabe del asunto. Hace rato ya que se envenenan con tinta rápida lo mismo mujeres que hombres, bueno, unos pendejos muchachos y las mujercitas de apenas quince abriles. Se envenenan por amores incomprendidos, engaños... ¡A esa edad, engaños! No esperan para cuando cumplan los 40, ¡por favor! Ya no hay educación. En mis tiempos no pasaba eso. Llegan al dispensario del vivac y los atiende el amigo

Vinardell, el veterinario, ¿lo sabía?, un veterinario como médico de gente en los primeros auxilios. Bueno, hace bien su trabajo, evita que se intoxiquen los muy... bueno, no hubo muertos, pero los habrá, la tinta contiene un tóxico, anilina, ¿sabe a qué me refiero? Anilina, es un veneno mortal.

—Bien, lo sabía, y con tu permiso me voy. Te veo luego cuando te vea. Agur.

***

—¿Agur? —preguntó Ulises.

—Así se saluda en este pueblo. Tenemos que adaptarnos, va para largo nuestra estancia aquí. ¿Te enteraste de que hay unos envenenamientos con tinta de zapatos?

—No me asuste, jefe. ¿Otro caso criminal?

—No, este caso es distinto, de enamorados, pero igual. Seguro nos piden que investiguemos el asunto y habrá que estudiarlo a fondo. Nos quedamos un buen rato, querido amigo.

—Más trabajo. Jefe.

—¿Qué tenemos en tus apuntes?

—Hasta el momento, lo que sabemos y lo que no me ha dicho usted. Interrogué a Cívico López, el arrendador de la casa, quien representa al dueño y...

—Sí, sí, abrevia.

—Bueno. Él no sabe mucho, solo que a través de un telegrama el señor Demetrio le manda el nombre del próximo inquilino, para que le prepare la casa. Luego Cívico los recibe, los trae y los instala.

—Bien.

Torrealta estaba pensativo. Algo se cocinaba a fuego lento en las calderas de su memoria.

—¿Ya comió, jefe?

—No ¿por qué?

—¡Tiene usted una cara!

Torrealta brincó en el asiento.

—¡Coño, Ulises!

—¿Qué pasa? ¿Dije algo malo?

—No, al contrario. Tú siempre abriéndome las entendederas. ¡La comida!, ¿cómo no lo pensé antes? ¿qué comieron mientras estaban vivos?

—No sé.

—Yo sí lo sé, nada. Ahí tengo la primera clave, nada. ¿por qué comer si van a morir? «*Ave imperator, morituri te salutant*».

Ulises estaba impresionado y comenzó a reírse del teniente.

—¿De qué te ríes? ¿Nunca escuchaste esa frase?

—Sí, la leí. No sabía que usted la supiera. Me tiene impresionado. Y tampoco logro establecer una conexión entre los gladiadores romanos y los ahorcados de la Casa Maldita.

—Bueno, lo hice para impresionarte. Que sepas que yo también leo, a veces.
—Mis libros.
—Claro, si no estás me entretengo robándote los conocimientos. Un jefe debe saber más que los súbditos.

El pequeño rio sin taparse la boca, sin sonido, sin ocultar que estaba alborozado de contentura. Pero el caso requería atención. Retornó al tema.

—¿Cómo sabe usted que no comieron?
—Revisé la despensa, amigo. Me fijé en el fogón sin cenizas de carbón. ¿No te dijo Cívico que les preparaba la casa?
—Sí, eso me dijo.
—Cívico limpia la casa que será ocupada. No se la confía a nadie ¿por qué?
—Supongo para quedarse con el dinero al no haber gastos extras.
—Cierto. Cívico limpia; no compra carbón para la cocina, y no veo ni agua para beber un sorbo. ¿Para qué comer ni beber? ¿no es cierto Ulises?
—Jefe, ya entiendo. Vienen desde lejos a matarse aquí. Pero ¿sería posible que alguien conociera de antemano sobre los intentos suicidas de esta gente? ¿Cívico es sospechoso?
—No lo creo, aunque debemos desconfiar en todos, y todo merece desconfianza.
—Entonces…

—Pero hay más. La soga. ¿De dónde sacan la soga ¿la traen o es la misma del anterior suicidio?
—No había pensado eso, jefe. ¿Averiguo sobre ella?
—No hace falta, Ulises. La soga nunca la quitaron del dintel.
—¡Caramba, jefe, esa sí que es buena!
—Anota, estimado amigo. Anota que estamos en el camino correcto. Aquí hay complicidad o dejadez o comedura de lo que pican los pollos de las autoridades incompetentes. Pero la muerte viene de lejos. Se planifica lejos de Mayarí.
—¿Qué hacemos?
—Vamos a ver a la mujer ahorcada. El doctor Galán nos dará una sorpresa que no lo es tanto para mí, pero necesito la certeza médico forense.
—Entonces, ¿cree usted que a ella la mata el hombre antes de ahorcarla? Explíqueme, por favor.
—Ulises, bien sabes que es raro ver una mujer poniéndose una cuerda al cuello. Hay estadísticas confiables. Él la sometió y la guindó por el pescuezo, luego se mata…

El teniente, al decir aquello, queda pensativo. Ulises lo nota y pregunta:
—¿Qué piensa, jefe?
—El motivo. Nos falta el motivo, sin él estamos en cero. Nadie mata sin motivos. Piensa, amigo, ayúdame.

—Hay que averiguar en la raíz, allá de donde vinieron, ¿no cree?

—¡Exacto! Tienes que viajar a Jiguaní. Este caso hay que agarrarlo caliente, aunque nos queme. Ahora vamos a ver al doctor Jonás Galán y que nos muestre las evidencias mortuorias.

Salieron del barrio del Naranjal. Buscaron la calle de *Atrás* del pueblo, a continuación del puente de hierro, y fueron directo al cementerio al doblar a la derecha por la calle de salida y entrada obligada del pueblo. Pasaron el puente del Pontezuelo, con cañaverales a las dos bandas del camino que sigue a Juan Vicente. El cementerio San Gregorio estaba fuera de población, hacia el oeste. Fue construido con urgencias para 1912 en terrenos que se compraron a la compañía norteamericana United Fruit Company, porque al existente no le cabía una cruz más. Ulises se había enterado, por fuente fidedigna, de que el primer inquilino de este nuevo cementerio llevaba el apellido González. Una curiosidad que anotó en su libreta, aunque no le sirviera para nada.

Llegaron al portón de entrada. Se dirigieron a la caseta, al final de la calle principal.

El médico que hacía de forense, Galán, tenía abierta en canal a la mujer sobre una mesa de concreto. Los dos policías municipales esperaban afuera. Entraron. Olía a formol y muerte, las moscas acudían por cientos. El médico les tenía unos gorros de castrar colmenas para que se cubrieran las caras.

—Solo hay dos gorros. No me pregunte —dijo el doctor Jonás Galán mientras miraba a Torrealta—. Tengo panales de abejas en casa. Dos gorros, uno para usted y el otro para su ayudante; yo estoy acostumbrado a este ambiente insalubre.

El médico también estaba acostumbrado a la invasión aérea. No se protegerían de abejas picadoras, sino de moscas. Las moscas eran tantas que Torrealta mandó cerrar la puerta y las dos ventanas luego de espantar a manotazos una gran cantidad de aquellas aladas molestosas.

El cuartucho quedó en tinieblas y los olores se concentraron como para aturdir a un hombre en pocos minutos y cuando el médico encendió su casco de minero con un candil de carburo semejaban dos exploradores con intenciones de extraer algún mineral valioso de las profundidades de la tierra.

—Vamos rápido, que nos moriremos intoxicados aquí dentro —metió el miedo el doctor Galán.

Comenzó a separar partes de sus vísceras con una calma de hombre experto apartando trapos a la mujer amada y sabe de apariciones que deslumbrarían sus ojos. Ulises estuvo a punto del desmayo y se separó un tanto, luego pidió permiso para salir; quedaron solos. Los dos policías, Merengue y Churre, esperaban afuera, pues quisieron escapar de aquella encerrona de pestilencias y, tranquilamente jugaban una partida de siete y media con las barajas, acuclillados en el suelo.

—Mire y anote —dijo Galán—. Color violáceo, rigor mortis. Lengua afuera, ojos botados; está en el proceso de descomposición orgánica. Tiene en su estómago unos grumos que declaro como dudosos.

—¿Veneno?

—Puede ser. Me llevo un pedazo conmigo con el fin de analizarlo en mi clínica. También especulo sobre la causa; no murió por ahogo voluntario, sino colgada post mortem.

—Interesante —dijo Torrealta—. No necesito más. Vámonos antes de que nos abran a nosotros para analizar qué nos causó la muerte. ¿Puedes hacer lo mismo con el hombre?

—Seguro, pero eso lleva otra solicitud de permiso.

—Hazla.

—Unos cuarenta años —continuó—. Mediana estatura, blanca, toda la dentadura, expresión agónica…

—Bien —cortó la descripción el teniente—. Nos vemos en el hotel.

—¿No quiere saber más?

En ese momento el cadáver lanzó una flatulencia y se contrajo.

—Me basta y sobra —dijo el teniente.

—Es normal, no tema, los intestinos se limpian, el muerto parece que se moviera y emite gemidos.

Salieron. Torrealta asqueado pero satisfecho, aunque solo Ulises le notara la contentura en el rostro de sequedad legendaria. Una vez instalados en el hotel, el teniente tomó la palabra:

—Envenenamiento ¿qué piensas?

—Eso, que ella muere antes de morir. Usted me entiende —dijo Ulises.

—¿Qué veneno pasa inadvertido para que parezca otra cosa?

Ulises enumeró en una lista de su mente:

—Cianuro, arsénico, mercurio, estricnina.

—Ninguna de esas. Debe ser un veneno asequible, natural, que se confunda en los alimentos.

—Como no sea de plantas, como la manzanilla, ricina, belladona.

—No lo sé, pero pronto la encontramos. Ulises, sales hoy mismo para Jiguaní. Hablaré con el alcalde para pedirle que te acompañe un policía. Escoge cuál quieres.

Ulises miró a los dos personajes y comprendió que eran tan iguales que bastaba cerrar los ojos y señalarlo.

—Este —dijo.

Apuntaba a Churre, con la cachimba. Churre quedó a la espera de otra decisión que no llegaba.

—Sí, usted se viene conmigo a Jiguaní ¿no estaría conforme?

Churre movió su cabeza. No solo estaba conforme, sino que estaba en sus planes.

Sopa de belladona

El teniente Torrealta y Ulises ¿estaban fuera de peligro? El solo hecho de que descubrieran los motivos de las muertes los situaban dentro de un panorama altamente riesgoso. Torrealta aseguraba que detrás de las muertes tenidas por suicidios había un homicidio, y el último en morirse era, cosa irónica, quien se suicidaba. Por eso, la primera vez pasa inadvertida; dos provoca sospechas; tres demuestra certeza que convence al más iluso. Y eran tres casos distantes en el tiempo, pero cercanos en los métodos.

En el pequeño cuarto del hotel Mascota, el teniente se inventó un laboratorio improvisado que a la vista de cualquiera lo acusaba de brujo, o, en el mejor de los casos, de loco. Compuesto el ajuar de artefactos variados que no necesariamente denotaba una función científica. Un *empinador* de café, lupa, embudo, probetas y pinzas; todos adquiridos con el farmacéutico Carmona, el exquisito y ducho farmacéutico dueño de una botica, la más cercana a la Clínica Galán. El instrumento relevante era un curioso microscopio, quizás el primero que llegara al pueblo. Venía en una caja de caoba y afuera se le leía: Circa 1880. Al armarlo parecía un cañón que apuntaba y listo para disparar a las nubes. Para manipularlo recibió de Carmona algunas instrucciones básicas. El set de accesorios incluía un ocular y un objetivo, además de una cápsula cilíndrica con tapa de vidrio que permitía observar especímenes vivos. Traía unos artefactos para comprobar sustancias, disolverlas en agua o alcohol y observarlas en detalles. Al tenerlo todo listo se preguntaba si aquello resolvería el caso por sí solo, y pensaba mandar a Ulises con el doctor en farmacia para que pasara un aprendizaje rápido y se encargara de esos exámenes oculares para él poco atractivos.

—Quien sepa interpretar las señales —le dijo Carmona—, verá la simplicidad de las evidencias.

A Torrealta le pareció fantástica la idea, pero no dejaba de tenerle desconfianza. A razón de sus métodos, aprendidos en el camino, la observación simple y los argumentos del conocimiento adquirido eran cruciales. Aunque, de todas formas, los avances imponían sus prerrogativas, como el hombre salió de las cuevas y dio uso efectivo a la experiencia a través de los adelantos técnicos y científicos.

Estuvo dos días en el cuarto. Observaba todo cuanto el doctor Galán le llevara en frasquitos de vidrio minúsculos sin atreverse a someterlo al escrutinio revelador del aparato. Apenas llegó el doctor Jonás Galán, este le señaló que mirara a través del microscopio.

—Venga —le indicó— y observe este detalle de su estómago.

Torrealta miró. No vio nada extraordinario que no fueran bichitos minúsculos moviéndose alocados.

—Observe —insistió el doctor—. ¿No ve el veneno?

—No, pero le creo. ¿Qué significa?

—Veneno. Es belladona.

—¿Belladona? ¿Cómo llegó a consumirla?

—No sé, usted es el policía, yo, médico. Supongo que dentro de una comida.

—No comieron nada mientras estuvieron en la casa.

—¿Cómo lo sabe?

Torrealta alzó la vista y lo interrogó con la mirada de acero candente.

—Perdone, teniente. Le pregunto por curiosidad, no para criticarle su observación que debe ser certera debido a sus conocimientos.

—Estoy seguro de que no cocinaron.

—Pudo alguien llevarle la comida ¿o no?

Torrealta quedó impresionado. El médico le señalaba una posibilidad, un detalle que no encajaba, pero admisible. Cosas más increíbles vivió en el pasado.

—Es posible —dijo el teniente Torrealta sin demostrar interés—. En una sopa.

—Una sopa de belladona —concluyó el galeno.

—Bien, tú lo dijiste «sopa de belladona». Dime una cosa, ¿qué efecto produce antes de matar? Porque es sabido que la usan los farmacéuticos en sus mejunjes medicinales.

—Para los boticarios sí. Yo mismo, con frecuencia, la he mandado en dosis pequeñas para los asmáticos y otras dolencias, pero usada sin control puede producir un cuadro de delirio y alucinaciones. Lo que vio por el aparato y yo le dije es atropina...el arbusto de la belladona se usó en el pasado para producir envenenamiento de lenta evolución, incluso nadie era capaz de descifrar el origen de la muerte. Linneo ¿lo conoce? denominó a la planta *Atropa belladonna*, es una alusión acertada a Átropos, una de las Parcas ¿sabes a qué me refiero?, quien corta el hilo de la vida. B*elladonna* deriva del uso. Las mujeres italianas la utilizaban para dilatarse las pupilas. ¡Donna bella! Belladona ¿cae usted?

Torrealta tenía ganas de mandarlo al carajo. Pero necesitaba del doctor. Preguntó:

—¿Cuántas boticas hay en el pueblo?

—¿Usted pregunta por los farmacéuticos?

—Sí, eso mismo.

—Veremos. Yo mismo lo soy, fue uno de mis primeros estudios. Siempre tuve en mente crear una clínica. Tenemos a Carmona, Lecusay, Campos... ¿qué pretende usted demostrar, que ellos suministraron la droga?

Torrealta era quien interrogaba, no tenía por qué responderle y eso quiso decirle con el silencio tremendo, que le bastó a Galán para no formular más preguntas incontestables.

***

Cívico estaba lívido, no podía creer que se le acusara de algo en aquellas muertes. Su estado era deplorable. De aspecto rígido, como un perchero enseñaba siempre la limpieza y planchado de sus ropas de calidad supremas. Era un burgués de poca monta, pero demostraba pulcritud y comedimiento. Aunque era un hombre de acabada cultura, estaba impresionado con las preguntas del teniente Torrealta.

—¿Le trajo alimentos?

—Sí, bueno, no. En realidad, supe que comerían de la cocina que no era nuestro negocio y accedí a ello, pero nunca lo traje yo mismo ni supe qué comieron. ¿por qué pregunta?

—No respondo a nada, soy yo el que pregunta ¿estamos?

Cívico asintió con los ojos y el gesto deplorable de hombre sumiso.

—Bien. ¿Quién lo trajo?

—El policía, Churre.

Torrealta quedó en un silencio que Cívico creyó sospechoso, pero no era más que el temor de que Ulises anduviera con un posible criminal.

—Bien. ¿Qué comieron?

—No sé. Si quiere saber debe buscar a MaDolores, la santera, ella se encarga de los visitantes por orden del dueño de la casa, don Demetrio Portela Palacios.

—Ve. Dile que la espero.

—¿Aquí en el hotel?

—¿Algún problema con eso?

—Pues sí. Siento decirle que ella no sale a nada... ya usted sabe, solo si la sacan horizontal, metida en una caja.

Torrealta interrogó a Cívico con los ojos.

—Está paralítica de la cintura para abajo.

—Bien ¿dónde vive?

—En la falda de la loma de Cámara. Cerca de la casa... ya usted sabe.

—La Casa Maldita —repitió Torrealta y lo señaló con un dedo terrible—. Tú me acompañarás.

***

Fueron invitados a pasar. Cívico negó con un gesto amable, dijo que volvería más tarde por él, si así lo solicitaba.

La mujer tenía sobre sus hombros una manta roja. Estaba sentada en una silla grande, con ruedas de bicicleta. El olor era penetrante, para inducir a la intimidación, chapalear en la incertidumbre del ritual, promover los arcanos. Torrealta sabía de esos trucos de magia blanca.

—Vengo a que me digas.

La mujer, MaDolores, santera con experiencia, era en esos momentos superior en lo referente a meter al toro por la vereda, directo al matadero. Fue ella quien preguntó:

—¿Problemas de amores, necesitas un despojo, un bautizo? Hoy es martes, te ayudaré en los asuntos de tu negocio, y a que decidas qué hacer.

—Vine a lo que vine —dijo Torrealta.

Ella en lo mismo, para desvirtuar, para mantenerlo alejado de sus intereses.

—Lo que tienes arriba es mucho. Ven conmigo al altar.

Entraron al matadero. Un altar repleto de figuritas hechas con velas derretidas, como esculturas elaboradas por manos expertas. Collares de todo tipo, muñecas de trapo, vasos con líquidos insospechados, barajas, y objetos variados que ni siquiera Torrealta, ducho en detalles, pudo enumerarlos. La peste a misterio era superior a todo lo demás. La luz poca, para que los ojos miraran lo que ella quería. Pequeño el local, y entraba la luz del sol por rendijas que los poderes del inframundo no querrían tapar; era una obra de espantosa visión, de crear dudas de la existencia humana. Allí había seres que lo escucharían todo y estaban seguros de conocerlo bien, desde adentro, para decirle qué hacer en lo adelante.

—Usted viaja pronto, no por mar, por aire.

Torrealta se dijo: «como no me vuelva pájaro». Pensó que lo escucharon, porque dijo ella, enseguida:

—Por aire, se va lejos. ¿Ha montado en avión?

Torrealta estaba seguro de lo que quería de ella. Era el momento de preguntar, como si estuviera ensimismado, embrujado más bien. Realizó la pregunta, traída del más allá.

—Quisiera preguntarle a la muerta que nos acompaña ahora si sabe qué comió el día que apareció colgada por el cuello.

MaDolores se puso seria. Si quería continuar con su trabajo debía contestar alguna cosa cuerda, convincente, pero que saliera de otros mundos.

—Dice mi caballo que comió sopa de piedra.

—Anjá, eso mismo pensé yo, aunque el adobo fue de belladona.

Ahora ella respingó. Tomó un sorbo grande de aguardiente y lo sopló en el altar, que no se incendió de puro milagro, según Torrealta. MaDolores dijo:

—Ya está bien. Come basura el chivo, sopa de piedra come ella. Belladona mala. Soga buena para males.

—¿Estaba enferma ella? —preguntó el teniente.
—Podrida adentro. Soga acaba con dolores *della*.
—Ya —dijo Torrealta—. Espero que me digas quién metió belladona en la sopa de piedras y quién apretó la soga al cuello. Total, es un pedido no más, sin interés personal. Díselo a tu caballo. Que le pongo una vela de a peso si me lo cuenta todo; y que quede entre nosotros la información.

MaDolores abrió los ojos y vociferó, enojada:

—No me jorobes, chico. Tú no vienes a nada bueno, tú andas en cuestión de leyes. El caballo mío no atiende eso.

—Pues debería. El caballo tuyo no querría que tú vayas presa, por encubrir un crimen, o provocarlo, o negarme la palabra. Tu caballo se queda sin jineta.

Ella se paró de golpe y abandonó el cuartucho. Torrealta quedó impresionado por la habilidad de la mujer, ¿acaso no estaba inválida? Pero, estaba acostumbrado a los engaños y escondites que se inventaban los humanos. Salió detrás de ella y ni siquiera la miró al pasar rozándola. MaDolores cayó en la trampa del detective ladino, que se hacía el interesante, el que lo sabía todo y actuaba en consecuencia.

—Un momento —dijo—. Usted no puede irse así. No hemos acabado.

—Se me acabaron las preguntas.

—Yo tengo algo —dijo ella—. Una pregunta.

—Bien. Entiendo que quieres decirme la verdad, sin tu caballo presente. Habla.

—¿Usted pregunta por la comida?

—Sí.

—Yo no cocino, mando a Juliana y ella se la da al Mamerto ese. Él se encarga de esos asuntos.

— ¡Juliana, *cará!* Otra jaiba en el jamo —dijo Torrealta y encendió un cigarrillo.

Fumó con calma, miraba las figuras que se formaban y desaparecían al instante; y hasta formó anillos, uno tras otro, como le enseñara alguien alguna vez. Esperaba más información, menos dilataciones y menos enredos mientras fumaba con calma. Si no estaba equivocado, ella diría todo antes de botar el cabo del cigarro que ya le quemaba los dedos. Así mismo sucedió. MaDolores se sentó en un sillón de mimbre y dijo:

—Vienen a morirse aquí.

Torrealta ni pestañó, ya intuía eso, un duende o algo así le había soplado la información envuelta en humo de cigarrillo HUpman. No dijo nada. Esperaría la información que deseaba oír sin alterar el ambiente que parecía de misterio. No podía darse el lujo de desbaratar con una sola frase mal dicha su estrategia planeada para asaltar las murallas de la santera.

—No me lo dijo nadie. Mi caballo sabe. Yo no puedo meterme con el destino de nadie. Esa historia es más vieja que la república de Cuba.

Torrealta esperaba, tranquilo y sonriente, por dentro. Algo le decía que no hablara en ese momento, que la dejara desembuchar sus conocimientos.

—El negro Jacinto debe ser quien le trajo la belladona. Jacinto sabe de esas cosas, es brujo. Brujo malo, no como yo, es brujo de hacer daño, magia negra. No lo ponga delante suyo, es malo y tiene poderes.

—Jacinto —repitió Torrealta, como un eco.

Pero no haría preguntas. Estaba convencido de que ella desembuchaba todo, que no le quedaría nada adentro. Se paró y encendió otro cigarrillo. Sin darse cuenta estaba frente a un Jesucristo. Lo miró a los ojos. Se dijo que aquel hombre no era el mismo que viera en sus sueños de niño. Se convenció de que Dios cambiaba su imagen de acuerdo con quien lo mirara.

MaDolores se detuvo en el palabreo desbocado. Torrealta sintió que alguien los expiaba. Churre llegaba junto a Cívico. Ambos quedaron en el marco ancho de la puerta sin puerta, como un negocio que nunca cerrará a los clientes, como el cafetín El Cosmopolita.

—Pasa Churre —mandó MaDolores—. Tú también Cívico. Les tengo un asunto, deja que se vaya el teniente y me ocupo de ustedes.

Torrealta salió sin decir adiós. Llevaba una carta de triunfo que guardaría hasta tanto descubriera quién y por qué. Eso, quién mataba y por qué lo hacía, aunque ya tenía formada una idea, pero era una forma empañada, sin rostro, como mirar afuera cuando cae la lluvia, mirar a través de un cristal empañado.

«¿Quién era Jacinto?», se preguntaba.

Buscó la sombra de los laureles del parque y se sentó en el primer banco, frente al torso del hombre de mármol. No tardó mucho tiempo solo.

—¿Sabías que este parque lo mandó hacer el comandante de la marina americana que entraron después de la guerra contra España?

Torrealta se viró. Era un hombre negro retinto, flaco, y a su lado venía otro, gordo y del mismo color.

—Tita el Flaco y este es Tita el Gordo —se presentó el hombre.

—Teniente Torrealta.

—Lo sabemos.

—Bien, se acabó la conversación, a menos que me contesten unas preguntas.

—Hágala, somos naturales de aquí y nos la sabemos todas —dijo Tita, el Flaco.

—¿Quiénes son ustedes?

—Ya le dije, Tita y Tita.

—Yo digo ¿qué son?

—¿Nosotros? Editores, publicistas, dueños de la mejor imprenta del pueblo.

Torrealta los midió ¿No había dos cómicos del cine con esos nombres?

—¿Quién es Jacinto?

—¿El brujo, el vendedor de periódicos, o te refieres al que pone pancartas en…

—El brujo —cortó Torrealta.

—Ese vive en la calle del Ahorcado ¿sabes cuál calle es?

—No.

—La del Vivac. Vive al final de la calle. Ahora le cambiaron el nombre El Cristo, pero seguimos diciéndole del Ahorcado.

—Más fácil —dijo Torrealta y se arrepintió de decirlo.

—Escucha Flaco —dijo el Gordo—. Otro que nos apoya. Debemos escribir una nota en la Editorial que sale mañana, junto a los muertos de la Casa Maldita ¿Usted nos da una entrevista, teniente?

—No. Y gracias por la información, adiós.

Buscó la calle del Ahorcado y caminó entre vegas de tabaco, hasta una casita al fondo, casi en el arroyo Pontezuelo. Tocó.

—Pasa —dijo una voz de brujo.

Torrealta no tuvo que empujar la puerta, allí estaba el hombre, con un turbante amarillo y vestido de mujer.

—Ya sé a lo que vienes. Te mandó ella, la maldita. No le hagas caso. Le voy a poner un daño que se va a cagar en su madre.

Torrealta no pudo soportar aquello. Comprendió que pisaba terreno que se le hundí bajo los pies. Sin decir nada dio la espalda y se retiró. Solo escuchó lo que el brujo vestido de mujer gritaba:

—¡Solalavaya! ¡Tumba la mula que te coge el negrito!

No miró hacia atrás. Sintió que las palabras pasaban a su lado.

Jiguaní

En el poblado de Jiguaní Ulises buscó a don Demetrio Portela Palacios. Algo de lo que no sospechaba era que, lo esperaban.

«En el principio fue la luz —se dijo Ulises—, luego este hombre que semeja un maniquí de estantería de comercio. Lleno de joyas. Un mulato pálido, desaparecido dentro del traje blanco de drill cien. Collares, anillos, pulseras. Una quincalla ruinosa. Según la apariencia sumarían unos ochenta años. ¿Qué edad tendrá? Cuarenta si acaso».

Recibió a Ulises sentado en una poltrona de rey medieval forrada de terciopelo rojo, de espaldar alto y macizo.

La sala de recibimientos, Ulises la detallaría en su mente: «Grande, demasiado para una sola persona, limpia, con una fotografía donde una mujer negra con un hombre blanco posa; ambos tiesos y serios».

Demetrio Portela Palacios lo miraba como si viera un fenómeno de circo. Ulises continuó el dibujo de su mente: «Arrugado, cuerpo menudo, de mirada aguda, pelo largo hasta el hombro».

—Tome asiento —dijo Portela—. Me informaron que vienes por lo de la casa de Mayarí.

¿En qué momento lo supo? Alguien, era indudable, lo tenía al tanto de los acontecimientos. Tendría que manejar la situación con la cautela de un gato.

—Mi nombre es Ulises Portinot...
—Ya lo sé.

El pequeño hombre tuvo la certeza de que era vigilado, no solo desde que saliera de Mayarí sino en aquella sala para jugar a la gallinita ciega, repleta de muebles, pinturas, mármoles griegos o romanos o imitaciones exactas, cortinas tapadoras de puertas secretas, ojos ocultos, armas apuntándolo. Tenía que hilar fino, en eso recordó a su jefe, le preguntó: «¿qué hacer en estos casos?» «Ataca, antes de que el enemigo enseñe sus pezuñas».

—Ya usted sabe a lo que vengo. No urge preguntarle. No obstante, un detalle, insignificante, ¿Vivió usted en Mayarí?

El traje del hombre Ulises lo vio encogerse, al menos eso percibió al momento de que botara el aire de sus pulmones comprimidos. ¿Lo sorprendió la pregunta?

—No —dijo inseguro.

Ulises lo notó enseguida. Era el momento de atacarlo, sin dejarle espacio para que enseñara sus armas secretas, que siempre las lleva cargada el enemigo.

—Su representante nos dijo que sí, que usted era de Mayarí. Tal vez se equivocó al contestarle al teniente Torrealta.

El nombre del teniente puso en alerta al magnate que se creía estaba seguro en su ambiente. Ulises temblaba por dentro, aunque era temprano para conclusiones. Pensó en las palabras de su jefe, en estos casos: «No te apresures, demuestra seguridad, no lo dejes pensar».

—¿Los del cuadro son parientes?

De nuevo sus cañonazos abrieron boquetes en la muralla del hombre que se pensaba poderoso y dejaba el polvorín a las miradas del enemigo.

—Sí —dijo sin querer o apremiado por saber lo que sabía Ulises, que parecía bobo, pero no lo era.

—¿Un yanqui?

Fue el último cañonazo que le permitieron sin recibir una contestación contundente y peligrosa para su integridad.

—Usted cree saber demasiado. ¿Para qué pregunta?

Ulises había escuchado esa expresión en otros tiempos y las consecuencias fueron desagradables para él. De manera que se preparó al recibo de lo peor.

—Perdóneme usted, no quise ofenderlo. Solo vengo para que me responda unas preguntas de rutina.

La Casa Maldita

—Lo haces mal. No tengo paciencia para escuchar boberías.

Ulises, dentro de la pesantez del momento, presentía la vigilancia de alguien a sus espaldas; le causó gracia lo de: «bobería», y enseñó sus dientes en una franca carcajada sin resonancia de alborozo, carcajada de mudo.

Detrás de las cortinas salieron dos hombres que parecían bandidos asaltadores de caminos. Dos negros con los indicios del miasma de peces podridos, emergidos de los fondos marinos. Ulises se creyó perdido. Tan lejos estaba el teniente que ni siquiera el murmullo de los estertores de su muerte le llegarían a tiempo.

***

Torrealta recibió el mensaje por telégrafo:
—Si quiere a su amigo vivo, punto, venga a buscarlo, punto —dijo el telegrafista.
—¿Cuándo lo recibiste?
—Hace una hora.
—Manda este: «Si quieres seguir con vida, punto, déjalo libre, punto, bueno y sano, punto».
El telegrafista quedó sin palabras.
—¿Qué te pasa? Escribe eso con los punticos que conoces. Aquí espero la respuesta. Y otra cosa, a nadie le digas sobre estos telégrafos, no te conviene.

El telegrafista entendió la amenaza. No obstante, le hizo un señalamiento.

—Señor teniente, puede hablarle como usted quiera, pero le informo que quien escribe es un hombre poderoso y temido. Es don Demetrio.

—Y yo te informo que no te metas en lo que no te importa. Escribe, y punto.

Torrealta salió. Esperaría sentado en el parque, junto al hombre hecho mármol que no inclinaba la cabeza para mirarlo, lo cual le alegraba porque sentía un nudo en la garganta que no lo dejaba respirar. Su amigo estaba en peligro. Si él aflojaba la presión, lo matarían. Atacar era lo más indicado.

Esperó media hora. Desesperaba ya cuando vio llegar al telegrafista.

—¿Qué?

—Aquí dice: Se lo mando, punto. No vuelva a interrogarme, punto.

Torrealta sonrió. Ulises no se expuso tanto para convertirse en un peligro. Tenía atrapado al tal Demetrio, pero no era suficiente. Lo dijo en voz alta, tanto, que el telegrafista abrió sus ojos de espanto y se marchó inquieto, sin mirar atrás. Torrealta expresó:

—Te agarré por los cojones.

***

Ulises llegó al otro día. Narró su mal rato con el susto en la garganta, durante una hora y media. Entre los detalles informó que el policía Churre no era confiable. El teniente solo escuchaba sin interrumpirlo y al final dijo:

—Eres un valiente, Ulises.

—De usted lo aprendí.

—Bien, ahora, al ataque. El asunto no es tan fácil. Tenemos que descubrir los motivos, que no los tengo claros, y luego descubrir quién es el verdadero asesino.

—¿No sospecha usted de Demetrio?

—Ese puede tener culpas, pero no significa que mate. No lo veo posible, aunque viaje la distancia en un solo día y regrese, no es posible. Además, no es la forma de alguien con su poder. Sería más sencillo matarlos allá donde viven y san se acabó; al menos que sea…

—Que sea una venganza, o algo así.

—No. Que sea una vuelta a la infancia. Me dijiste que había una foto de una pareja.

—Era un hombre blanco y una morena.

—¿El marino yanqui?

—Pienso que sí. Bueno, pienso no, casi me lo confirma el magnate, con su silencio y la actitud agresiva en contra mía.

—No te mató de milagro, Ulises. Esta historia no me cabe en las entendederas. Tengo que profundizar en indicios, en las fechas, sobre todo en eso, las fechas. No sabemos si los que supuestamente se ahorcaron fueron envenenados antes.

—¿Envenenados?

—Sí, lo descubrió el doctor Jonás Galán. Tengo un laboratorio.

—¿Un laboratorio?

—Tengo que explicarte muchas cosas. En tu ausencia pasaron acontecimientos inesperados.

—Bueno, jefe, explíquese.

—Puede que una tercera persona nos manipule, ha pasado antes ¿no crees?

—¿Cívico?

—Y quien no sea Cívico. Vamos al laboratorio.

—Jefe, usted se me parece a Holmes.

—Holmes es un personaje de ficción, yo soy real, querido Ulises. Y tú también.

Llegaron al hotel Mascota. Afuera los esperaba el alcalde, acompañado de Merengue, el policía poco hablador, como si fuera un tipo tímido.

—Ulises, me dijo el gendarme Churre que llegaron hace un rato de Jiguaní. ¿Todo bien por allá?

—Bien, señor alcalde, gracias.

Ulises aprendía a mentir, como le enseñara su jefe. «En caso de emergencia, no enseñes tus pensamientos, trampea, miente, esconde tus verdaderas intenciones. El enemigo debe creerte tonto, pero nunca lo seas».

La Casa Maldita

—Los invito a un café —dijo el alcalde.

Aceptaron. Debían demostrar tranquilidad, que todo salía bien o que las cosas pasaban con la calma chicha, que no existía premura; una pura rutina de policías. El enemigo podía escucharlos, a la espera de una información que le sirviera para atacarlos en una debilidad.

—Entonces —dijo el alcalde, mientras sorbía y soplaba su taza de café—. Todo bien, señores. ¿Debe haber alguna cosa que quieran decirme?

—¿Qué quieres saber? —soltó Torrealta.

Ulises intervino.

—Nada está claro para nosotros, alcalde. Allá en Jiguaní el señor dueño de la casa maldecida por la vida no tiene responsabilidad alguna y al parecer esto es obra más de la mano del Diablo en persona que la mala obra del hombre.

—Vaya, qué grata noticia, bueno, en parte; por lo demás es inquietante.

—Sin embargo —dijo Torrealta—. Espero que tú me digas cuántas veces ha venido a la villa don Demetrio.

—Que yo sepa, una vez, y yo no era alcalde para la fecha.

—Bien. Y dime una cosa, ¿nació en Mayarí el don Demetrio ese?

Fue cuando el alcalde pensó la respuesta y el teniente intervino, para advertir con una amenaza latente:

—Si lo encubres te acuso de complicidad.

—¿Cómplice? ¿de qué delito? ¡Por favor, teniente! ¿Cómo puede pensar semejante cosa de mí?

—Lo que sea. Tienes que decirme cuanto sabes y no te doy más explicaciones. Así de simple. Bien, ¿qué respondes?

—Esto que le diré es una suposición mía, y no es necesariamente confiable…

—No te preocupes, dilo.

—Me decía mi padre que don Demetrio era de aquí de la zona…de Mayarí.

—Bien, avanzamos algo. ¿Sabes dónde nació?

—No sé. ¿usted quiere escuchar algo así como que nació en la Casa Maldita?

El teniente tensó el cuerpo. Parecía incómodo en el lugar. Se quitó el sombrero y aparecieron las primeras canas en las sienes, las que no enseñaba. Habló mientras daba unos pasos hacia la salida y encendía su cigarrillo aplastado.

—Yo me pregunto ¿por qué carajo todos ocultan algo? ¿A qué le temen? ¿tengo que degollar a alguien para sacar la verdad a flote? Me lo dices y empiezo enseguida, contigo mismo, a ver si acabamos de una vez.

Los labios del alcalde se silenciaron, las manos buscaron donde posarse sin que delatara miedo; la mirada no sabía qué mirar, si a los ojos del teniente o al infinito de la nada. Torrealta lo tenía sujeto por el narigón de bueyes, estaba expuesto a sus antojos. «Ahora solo es tirar de la cuerda», se dijo Torrealta. Y tiró:

—Bien. Hasta ahora tenemos varios muertos. No aparece el culpable. No conozco los motivos. Y el alcalde Belisario habla y habla y no dice nada. Tendré que apretar la cuerda. No me queda de otra.

—Es lo que sé —balbuceó el alcalde Belisario.

—No basta con lo que sabes. Esto no es hacer campaña electoral, es cosa de vida o muerte. Deja tu discurso para cuando te postules para gobernador de Oriente.

—Espero que sea pronto —suspiró el alcalde—. Usted me dice ahora qué debo hacer para ayudarlo.

—Hablar con el juez, ¿cómo se llama?

—Sigarreta.

—Bien, hablas con Sigarreta, que meta preso a Churre, a Cívico, a Demetrio, a Juliana, a la santera, a la madre de los tomates si fuera necesario. Quiero verlos a todos presos.

El alcalde se horrorizó. Estaba justo sobre el barranco. Abajo, arrecifes con filosas piedras y aguas inquietas. Su mandato expiraría en unos meses, ocho, para ser exacto, y en su mente surgió la apoteosis de cualquier político: Sus contrarios no lo dejarían postularse de nuevo sin cooperación, si no era parte de los que daban solución al caso de la Casa Maldita.

La maldición de Zamora

No era el miedo de los inmigrantes modernos basado en el veterano de guerras griegas, Ulises, faltante a su hogar, a la isla de Ítaca. No el de Down, que ya sabemos lo padecía él; era uno distinto y reconocido e insufrible por el pequeño ayudante y su amigo detective. Era el *síndrome del Blasón*. Lo llamó así Torrealta. Ulises Portinot padecía el terror desde su pubertad, sobreponiéndose al físico y a todo mal humano. Un síndrome mediante el cual le era casi imposible tomar un arma en sus manos, y dispararla mucho menos. Torrealta lo sabía, pero hacía lo imposible para que sanara y pudiera sostenerla, para que, en casos de apuros, salvaran la vida. Ulises no aceptaba, primero muerto.

Junto al antiguo microscopio compuesto inglés, se hallaba el arma, un fusil Winchester de 1894, como nuevo. Invitaba a que lo tocaran, con un brillo especial. Ulises lo observaba en cada momento como si fuera un bicho que en la habitación tenga su madriguera y crece por momentos. Odiaba aquella arma mortal. «Las armas se tienen para defenderse», decía Torrealta. «No, se hicieron para matar», alegaba Ulises.

El Winchester estaba allí, molestaba su vista. Torrealta no era feliz mostrándolo, pero necesitaba que Ulises acostumbrara su vista, perdiera el terror y alguna vez supiera darle uso. Mientras trajinaban con las posibles evidencias miradas en el microscopio bien conservado, las horas pasaban y el posible matador escapaba de toda prueba contundente, fuera del mismo pueblo o de otros rumbos. Torrealta estaba enterado de esta verdad, aun así, perseveraba y pinchaba a su amigo y asistente para acabar lo antes posible. Les daban las dos de la mañana cada día de trabajo arduo, y se levantaban temprano a su café con leche especial que el cocinero preparaba, el viejo Henry, a quien conociera mientras la Mano Negra campeaba y mortificaba a los residentes de Mayarí. Henry siempre hizo un café con leche exclusivo para Ulises, cargado de nata, sabroso y nutritivo, usando granos tostados y molidos por él, de las vegas cercanas de Guayabo —eso le contó—, y con la leche de vaca que no bajaba nunca de la candela, hervía y hervía hasta concentrarse y cambiar el sabor. Henry era el único buen amigo de Ulises.

—Ulises, queda aclarado el viejo asunto de la Casa Maldita —dijo el cocinero mientras colaba el café en una enorme coladera.

—No del todo. Faltan detalles importantes.

—Dime cuáles. Yo te digo si aciertan en la sazón o si le falta sal y vinagre.

—Mi feje dice que no hable del caso con nadie.

—Entonces, no hables. Obedece, eso es bueno para los soldados, obedecer ciegamente

Ulises miraba atento las maniobras del cocinero. Algo allí no encajaba con su memoria de elefante.

—Solo quería contarte —volvió el cocinero— que el dueño de la Casa Maldita, don Demetrio, es hijo de un americano, de un yanqui que llegó al pueblo al finalizar la guerra por la independencia patria.

Ulises dejó de respirar. Pero no hizo preguntas, solo se limitó a mirarlo fijo y pedirle más información con los ojos asombrados. Se fijó en la paila donde hervía la leche. Permanecía apagado el fogón y la leche no bullía, como antes. Su curiosidad fue al límite. Aquella tampoco era la manera con que Henry colaba el café. Él tenía un arte, una maña con el cucharón en la mano y probaría el dulzón del agua constantemente. Escucharía con recelo al amigo que creía cambiado por otro, que no parecía el mismo.

—Yo era del barrio —dijo el cocinero, sonriente.

El cocinero estaba orondo, ¿sabía Ulises los misterios de la Casa Maldita?, pensaba. Si así fuera, ya era tiempo de decírselo. ¿lo escucharía paciente y no lo tacharía de loco e inventor de fantasías?

Ulises no pudo aguantar por más tiempo el silencio que los separaba. Habló con la exageración de las palabras que antes no le dijera a su amigo:

—¡Carajo, Henry, haberlo dicho antes!

—Nunca es tarde, mi sangre. Escucha. El americano se mató, él solito. Ahora, los otros…

«Mi sangre. Jamás dijo esa frase inapropiada. Henry era otro, uno distinto».

—Dicen los informes que se mataron los dos, con la misma soga. Su esposa, una morena, y el norteamericano.

—Eso, la misma soga, ahora que lo dices hago memoria. Ya pasaron sus añitos, no creas, pero la maldición está viva, la echó uno de los hombres que estaban en el crucero de guerra Jorge Juan ¿conoces la historia del Jorge Juan?

—El barco que hundieron en la bahía de Nipe.

—De ese, sí, ¿has ido a verlo? Con las aguas claras se pueden ver los restos del barco.

Henry era un hombre, como diría Ulises «sencillamente leído y escribido». El que tenía al frente hablaba distinto. No era el mismo.

—El pecio —dijo Ulises.

—No, el barco, los restos del hundimiento. Fue una desgracia para España.

—Pecio. Si un barco se hunde, a los restos se le llama pecio. Creí que usted lo sabía.

—Ah, lo sabía, sí. La maldición del pecio nació allí, donde lo hunden. Dicen que uno de los hombres, al que le faltaba un ojo…

—Tuerto.

—Eso, tuerto, y no me interrumpas que se me va el hilo de la *conversa*. El tuerto, lanzó una maldición… ¿sabías que el tuerto vivía en la Casa Maldita?

—No.

—Pues sí, se llamaba Zamora, no era de la armada española…

—Paisano —dijo Ulises.

—No, era comerciante, quien suministraba comida a las tropas, al buque anclado, que en realidad no estaba bien preparado para combatir, era una especie de pontón, y servía de cárcel, y tenía un teléfono, ¿sabías eso?

—No.

—Sí señor, un teléfono para comunicarse con acá, con el comandante de armas, un tal… un tal —se quedó pensativo.

—Brigadier Hacha —dijo Ulises.

—¡Coño, ese mismo! Tú sabes mucho, mi sangre, por eso creo que cogerán al asesino. Mira, desde que entraron los barcos americanos ellos lo divisaron y hablaron al comandante ese ¿no sabías eso? Tú debes saberlo, chico. Escucha…

—Bueno, Henry, lo de la casa y Demetrio —dijo Ulises, cansado de viejas historias ya conocidas.

—La casa, sí. Hubo una maldición, te dije, la echó al viento Zamora, el comerciante. Zamora luego echó otras, como la del bigote de Arcadio…

—¿Qué bigote?

—Que el río crecería tanto hasta llegar a los bigotes de Arcadio, el hombre de la estatua del parque ¿lo conoces? Sí, sí lo conoces…

—Sí hombre, sí, lo conozco, al que mataron en la bahía, en la cañonera Alarma. Siga, por favor.

—La maldición se llama el Óbice de Zamora. Bueno, te decía que, Zamora dijo, en la anterior maldición: «Ojalá que con esta soga se ahorquen todos los malditos que nos atacaron».

—No me vaya a decir usted que la soga es la misma —se asombró Ulises.

—Pues sí te digo. Es la misma. De eso se trata.

Ulises salió de la cocina mientras pensaba en la grandiosa imaginación del cocinero. Mantenía la insipidez del encuentro con un hombre cambiado totalmente, que no le producía la sensación de aprendizaje sino de vérselas con un ignorante. No le contaría al teniente, se reiría de su capacidad para escuchar sandeces y de su mentalidad resista a soportar a los que se creen sabelotodo y en realidad, no saben de nada.

Al menos, el dato con la certeza de que Demetrio Portela Palacios era hijo del americano que apareciera colgado en la Casa Maldita, con la morena, era importante. «Lo demás sobra», se dijo. Que fuera la misma soga, que el tal Zamora viviera en la casa y que echara maldiciones a trocha y mocha, no era fiable ni cabía en la historia trágica. Le pareció que estaban lejos de descubrir al matador... ¿El matador? Y ¿si el tal Zamora vivía aun y era el causante de toda aquella desgracia? «No, eso no era posible» —se dijo, dándose una palmada en la cabeza—. «Pero, y ¿los motivos?». Coincidía la maldición con la posibilidad de que ese fuera el inesperado motivo, una venganza histórica. «¿Venganza histórica?», dijo en voz alta, para oírse el disparate. «No, no es posible» —volvió a sacudirse la cabeza—. Pensarlo estaba bien, decirlo al teniente Torrealta eran otros veinte pesos. Se burlaría de él. «No, no se burlará; siempre que escucha mis apuntes exclama: ¡Coño, Ulises, has dado en el clavo!» Bien, ¿se lo decía o no?, esa era la gran incógnita. Faltaba lo principal, «Sin causa no hay efecto, así de simple, Ulises», diría su mentor, que no fallaba nunca en esos casos complicados. En su libreta estrujada y a punto de acabarse, anotó:

    Causa= la venganza.
    Efecto= la muerte.
    ¿Quién? = Zamora.

Estos apuntes, ¿se los daría a su jefe? No estaba seguro. Probablemente lo haría si había lugar, si le preguntaba, si lo creía conveniente. Eso pensaba Ulises, sin que pudiera quitarse de la mente la imagen del combate de Nipe del 98, del americano suicida, del magnate Demetrio, del maldiciente Zamora, y de los infelices ahorcados en la Casa Maldita. «Todo coincide», se dijo.

El Síndrome del Blasón

Lo padecía Ulises, el *Síndrome del Blasón*, desde mucho antes de conocer a su verdadero padre Potasio Ponte Portinot, alcalde de Covadonga la Fuerte, quien nunca quiso tomar un arma y al hacerlo, fue su desgracia, le disparó a un muerto, al general que llegara al pueblo en campaña política, y un asesino a sueldo lo había matado antes y... bueno, esa es otra historia. Lo verdaderamente cierto y actualizado estaba por suceder. Ulises se sentía mal con el arma en la habitación.

El microscopio no dejaba de trabajar. Su base de hierro fundido, sólida y estable, con acabado esmaltado, era más de lo que le podían sacar en claro, pero insistían.

Los ojos se metían por el agujero del tubo óptico parecido a un cañón de revólver como si fueran a suicidarse con solo dar vueltas a los tornillos de enfoque. Estaban sobre el complejo mecanismo en todo momento, los de Torrealta primero, luego los de Ulises. Observaban rastros sobre la platina de muestras y el botón de enfoque se movía y las imágenes aumentadas inducían que les daría algún indicio y eso los alentaba, discutían, y luego descartaban todo por no saber catalogarlo en materia policial investigativa. Al final quedaba resuelto que ambos eran un desastre en aquellos trajines y el pánico del desconocimiento fue como una ola de mar que los empapara con el tormento de las dudas, que aumentaban a medida que no podían identificar huellas ni definir valoraciones. Desistieron de los manejos del artefacto científico y lo guardaron en su caja de caoba, tan reluciente como el primer día. Continuarían con los viejos y conocidos métodos, la clave estaba en seguir sus instintos de policías y obrar en consecuencias.

Pero el fusil Winchester seguía allí. Ulises sentía el pánico de su presencia y la calamidad de ánimo que le provocaba lo hacía pedirle al teniente Torrealta que devolviera el estuche con el microscopio junto al arma de sus malos pensamiento. Torrealta no le hacía caso.

—Esa arma, Ulises, será nuestra salvación.

Ulises se levantaba de madrugada y estaba allí, recostado a la mesa, desafiándolo. Era, evidentemente, un acto de crueldad que Torrealta mantenía sobre él. Así empezaron los primeros indicios de una desavenencia nunca sentida por ambos. Comenzaron a tratarse como extraños hasta que la bomba de tiempo estalló.

Habían dejado de comunicarse sus inquietudes y las nuevas conjeturas de las entrevistas por separado, que realizaban. Al llegar la noche de ese día fatal para ambos, el teniente llamó a Ulises, puso el arma en sus manos y le dijo:

—Tienes que acostumbrarte. Algún día la vas a necesitar.

Ulises la tiró lejos.

— ¡Coño, la vas a romper! —vociferó Torrealta

Nunca Ulises había escuchado esa expresión de su jefe.

—Déjate de niñerías. Si quieres ser mi ayudante tienes que saber dispararla.

—Nunca —dijo Ulises casi con el quiebro de la voz a punto del llanto.

A Ulises le dolía más un maltrato de su jefe que un disparo. Torrealta había olvidado ese detalle por la ceguera de sus ímpetus de policía que huele el peligro. Pero no sabía cómo explicárselo al amigo y al parecer los nervios lo tenía alterado, en aquel mundo de sospechas sin solución. Los ojos de lástima de Ulises señalaban el frágil corazón que lo sostenía, y Torrealta, sin que pudiera evitarlo, lo agredía más.

—Nos matan ahorita, y tú con tus boberas.

Fue el colmo. En aquellas palabras que nunca debieron salir de su boca, Ulises percibió el maltrato mortal. Salió y no regresó. Fue a refugiarse en la Casa Maldita. Allí pasó la noche, entre los murmullos de un aire de muerte, de un frío que sintió por primera vez en su cuerpo, como si los témpanos de la palabra del jefe que tanto apreciaba lo envolviesen. Los ruidos eran de soga moviéndose en la viga. Esa noche, como ninguna otra noche, Ulises deseó estar bajo la tierra.

Al amanecer, sin que hubiera cerrado sus ojos tristes y húmedos, sintió que no solo tenía destrozado el pecho, sino que la agonía de un mal presagio lo impulsaba al arroyo Pontezuelo, a lavarse los pesares en sus aguas; y como un hombre primitivo que salía de la cueva, desnudo, se lanzó a la corriente lenta, oscura y tranquila del arroyo. Estuvo dentro del agua hasta que el sol que picaba le indicó que desde el puente de hierro lo observaban y gritaban alocados los niños del barrio. El estupor de su semblante que batallaba contra el dolor de sus sentidos acabó con disuadirlo y se puso tranquilamente la ropa y caminó sin mirar a nadie ni atender a los que se le acercaban para burlarse, hasta que llegó al hotel Mascota.

En el hotel lo esperaba el cocinero.

—No sabemos cómo —dijo—, pero anoche secuestraron a tu jefe; tres hombres armados le iban dando empujones escaleras abajo, y se lo llevaron, a caballo.

Ulises no pudo articular ninguna palabra. Algo le decía que la actitud del teniente estaba justificada con un peligro que se olía y por eso la insistencia en el arma. Ahora el dolor del maltrato sufrido se transformaba en culpa. Tenía la culpa de que Torrealta sufriera o incluso, no deseaba ni pensar la palabra, lo matasen.

—¿Qué hago? —preguntó Ulises como si fuera un niño al que le quitan su protección.

—No sé, *mi sangre*. En estos casos lo primero es buscar al capitán y al alcalde, luego veremos.

Ulises subió al cuarto. Pasó su vista por todas partes, sacaba imágenes en la cámara oscura de su cerebro prodigioso, captador de detalles. Buscaría el arma, el Winchester motivo de sus desavenencias. Estaba seguro de que Torrealta la metió en algún lugar oculto por si él regresaba. ¿El jefe estaba arrepentido de maltratarlo? ¿Dónde buscar? ¿Por qué estaba interesado en el fusil? El miedo a portar armas, que señalara él como el Síndrome del Blasón ¿estaba por romperse?

Debajo de la cama, sí, debajo de su cama. Allí la encontró, envuelta en un trapo rojo y un papel: «Úsala», leyó, varias veces ¿qué mensaje velado? Tomó el fusil en sus manos trémulas, no de terror al mal, sino de rabia contenida. Saldría en busca de los raptores. Pagarían caro cualquier daño que le causaran al jefe, a Eduardo Torrealta Delgado, el mejor detective de todos los tiempos, uno de verdad, no de los que mostraban los libros.

***

Al bajar de la habitación, armado con el Winchester, lo esperaba el capitán con los dos policías y el alcalde.

—Vamos contigo —dijo el capitán—. ¿Sabes a dónde?

Ulises no contestó nada y comenzó a caminar rumbo al sur, por toda la calle que ya comenzaba a llenarse de gente curiosa y de mujeres que le pasaban las manos por el hombro para darle ánimo.

Todos estaban enterados del rapto. Ulises no miraba a nadie. Sentía los pasos de sus seguidores, no sabía cuántos; pero, si una cosa aprendió del jefe, era que, en estos casos, mejor actuar solo. ¿Cómo se quitaba aquella tropa bulliciosa que lo seguía? «¿Qué hago, jefe?», le preguntaba en su mente, una mente telepática. «Déjalos. En la primera acampada, abandonas el grupo». Así lo haría, según el jefe le indicaba.

—Oiga —alertó el capitán—. Tenemos caballos. Nos indica dónde buscar y lo acompañamos.

El grupo era numeroso: El capitán, los dos policías, Mamerto, Cívico, y otros tantos, en número de diez.

Ulises se detuvo. «Bien, como diría el jefe, iremos a caballo»

—Tomaremos el Camino Cuba —dijo Ulises—rumbo a Jiguaní.

Lo siguieron. Anduvieron una jornada larga debido a la pachorra que de pronto sintió Ulises, quien se bajaba constantemente del caballo a mirar huellas inexistentes porque desde hacía rato cargaba en su mente un presentimiento: «El jefe no fue raptado, no puede ser posible que lo cogieran mansito. El fusil estaba preparado y con el papel, eso significa que me esperaba». Les llegó la noche, debían descabalgar y tomarse un descanso. Lo hicieron en Juliana, en las ruinas de un fortín español que aún se le podían ver las piedras del montículo en forma de rectángulo y pilotes que soportaron en plena guerra su hechura de madera recia.

En la madrugada, Ulises dejó el grupo y se escabulló con rumbo este, por donde habían llegado al cruce de Juliana y en cuyo punto se dividía el camino, uno a Santiago y otro a Holguín. Regresaría a pie a los predios de San Gregorio de Mayarí. Calculó que para el amanecer ya entraba en poblado.

Al amanecer los hombres despertaron y buscaron a Ulises. Había desaparecido. Comenzaron a hacerse mil conjeturas, desde un rapto nocturno hasta un asesinato silencioso. Sin que pudieran determinar el por qué, continúan el camino con destino a Jiguaní. Estaban lejos de saber la verdad, de que Ulises los abandonó para regresar y verse con el teniente, su jefe glorioso. Torrealta tenía planes superiores al entendimiento de aquella gente, pero Ulises, al fin, dejó sus malos pensamientos y supuso los motivos del engaño, como si escuchara al jefe disculpándose por mentir: «Quería que tú perdieras el miedo a las armas, amigo». Y efectivamente, el Síndrome del Blasón había quedado atrás, para recordarlo como una pesadilla.

El rabo de la bibijoa.

Al poner sus pies cansados en la escalera del hotel se preguntaba si el cocinero era parte del plan del jefe. Fue a la cocina. Henry colaba café.

—Me jugaste sucio —le dijo.

—No es tan simple como parece —dijo la voz del teniente que salía por detrás de una mampara.

Ulises se volteó. Allí estaba Torrealta, sonriente. No pudo decirle nada, el nudo de la garganta le cerraba la voz, el sudor le empañaba la vista, el recuerdo le apretaba su sensible corazón.

—Bien. Me disculpo, amigo mío, pero si lo hacemos de otra forma, con tu conocimiento, no logramos el objetivo. Perdóname.

Ulises no podía hablarle, estaba tieso. Por su mente pasó la imagen de la posibilidad, ahora remota, de que ellos se pelearan, de que se volvieran enemigos.

—Luego te explico —dijo Torrealta, acercándose—. Ahora, al café con leche, que bien sé no has probado nada desde antes de ayer. ¿me equivoco?

Ulises movió su cabeza aturdida. Salía de la sorpresa y de los amargos momentos del pasado reciente, poco a poco. Torrealta lo abrazó. Él sintió al amigo, al héroe de sus aventuras, al maestro en el desagradecido arte de la investigación. El abrazo duró tanto, apretado y tierno, que el cocinero carraspeó y dijo:

—Bueno señores, a brindar con café con leche de Henry, el mejor que se toma en Cuba.

Luego, en la sobremesa, Ulises leyó sus apuntes. Torrealta expresó:

— ¡Coño, Ulises, tú siempre das en el clavo!

Ulises se rio a más no poder y contagió al cocinero que quiso saber los motivos del estallido. Por fin el pequeño habló:

—Mi jefe siempre dice lo mismo. Y si no lo dice, explotamos juntos.

—Bien señores —dijo Torrealta al cocinero—. Tú debes hacer lo que acordamos. Ulises, ven conmigo.

—¿A dónde vamos, jefe? y perdone que le pregunte.

—Está bien, entre los tres no guardaremos secretos, por primera vez y que no se repita. Vamos a ver al doctor Carmona.

A la cocina entró el dueño del hotel, «un hombre todo nervio». Anotó Ulises, «pegajoso, indeciso».

—Caballeros. Estoy enterado del secuestro de ayer en mi hotel, les aseguro que nunca, en el pasado, sucedió tal cosa. Le pido disculpa, teniente, pero ¿cómo apareció entre nosotros? ¿los que salieron en su busca llegaron sin ustedes? Aquí está su ayudante ¿y los demás?

—Tranquilo, Olivero —dijo Torrealta—. Ellos vienen atrás. Pudimos negociar mi rescate a cambio del silencio.

—¿Silencio? Si lo sabe todo el pueblo.

—El silencio mío. No puedo decirle nada a nadie, sobre los captores ¿entiendes?

—Ya. Soy como esos monos de un famoso cuento —se tapó los ojos y la boca.

—Ya. Entonces, con tu permiso —exclamó Torrealta y comenzó a caminar hacia la puerta ancha de la calle.

Salieron. Henry se quedó en la cocina, no podía demostrar que estaba de acuerdo con el teniente. Y como planearan antes: ellos dos a la farmacia de Carmona, frente a la clínica del doctor Jonás Galán; el cocinero haría bien su encomienda apenas pudiera escapar del dueño del hotel Mascota.

***

Repicaron las campanas de la iglesia. La gente salía a buscar el incendio con la vista y se preguntaban qué sucedía. Ulises también se figuró que una alarma como aquella era cosa de gravedad, pero vio a su jefe tranquilo, sin que lo alterara la bulla afuera. Estaban en la Casa Maldita, buscaban otros indicios, alguna huella reciente. Oyeron los campanazos. La gente corría sobre el puente de hierro, hacia el centro del pueblo.

—¿Qué pasó?

—Nada, Ulises. Es la maniobra del cocinero. Luego te explico.

—Caramba, jefe. Tiene tantas cosas que explicarme que ya me preocupa.

—Bien. Busco evidencias de que el tal Zamora haya estado aquí.

—¿Zamora está vivo?

—No lo sabemos. Pero incluso, si alguien suplantara su identidad, dejaría huellas para que supongamos que son de Zamora.

—¡Vaya! Comprendo, jefe. Ahora bien, ¿usted cree que vive? Empecemos por ahí.

—Ya te dije que no sé. Si viviera tiene por lo menos, ochenta años —quedó pensativo—. Sí, puede estar vivo ¿por qué no?

—A eso me refiero, jefe. Pero, aunque viviera, nadie lo sabe, entonces ¿dónde está? ¿dónde se oculta y por qué lo hace?

—Buen punto, amigo ¿por qué? Bien. Tenemos los motivos del crimen si fuera Zamora: venganza histórica. El arma utilizada, veneno y la soga. Si fuera Demetrio, lo haría para demostrar que murieron de esa manera, como un trauma maldito. Pero no creo que sea ni uno ni el otro. El culpable o asesino ¿quién

La Casa Maldita

será, a tu juicio? ¿Zamora?, ¿Demetrio?, ¿un grupo, puestos de acuerdo?

—No, jefe, otra vez lo que sucedió con el Jigüe en Cabonico no.

—Me refiero a que forman un grupo los suicidas, que se ponen de acuerdo para matarse.

—No puede ser posible, jefe. ¿Una organización solapada para cometer suicidio?

—¿Por qué no?

—Puede ser que alguien quiere que pensemos así ¿no jefe?

—Bien, estamos atorados, como siempre, como la madeja.

—Que al fin deshilamos ¿recuerda?

Buscaron. Se pasaron todo el día y parte de la noche, no tanto para encontrar como para recibir nuevas ideas de sus pensamientos acoplados. Al fin, a las ocho de la noche, Ulises preguntó:

—Jefe, ¿por qué los campanazos?

—Nadie nos dijo, desde que investigamos este caso, que sonaron campanas cada vez que se quitaba la vida alguien en esta casa.

—Por favor ¿quién pudo determinar tal observación, digo, oírlas y relacionarlas? Hágame otra historia real, jefe.

Torrealta miró a Ulises y sonrió, allí estaba el ayudante despierto, azuzador, inquieto.

—Uno de los sospechosos responsable de las muertes —dijo campante el teniente.

—Jefe, no me ha dicho todo.

—Lo siento, de veras. Estoy en la cuerda, paso un puente, y abajo me esperan caimanes ¿puedes creerlo, Ulises?

—¿Qué?

—Siento temor por lo que acabo de descubrir en esta historia de muertes.

—Pues compártalo conmigo y seremos dos.

Torrealta le contó:

—Había una vez un niño…

—Oiga, jefe, así empiezan todos los cuentos.

—Este también. Repito, es buen comienzo. Había una vez un niño que vio a sus padres ahorcados y juró que todo el que viviera en esta casa, moriría igual. Pasó el tiempo y creció y se hizo hombre y compró la casa y empezó a fraguar el plan…

—¡Rayos, jefe!, y perdone la expresión, eso se parece a Demetrio ¿sí?

—No me interrumpas. Entonces, el hombre compró la casa ¿pero con qué propósito?, ¿matar por placer?, ¿ajusticiar a quienes serían descendientes de los americanos del combate de Nipe?

—¡Vaya! —expresó Ulises—. Usted quiere decir que detrás hay una venganza, que la ejecuta un descerebrado ¿no es eso?

—No, ni una cosa ni la otra…

—¡Por favor! —interrumpió Ulises.

—Calma y escucha, luego me ayudas a dilucidar en esta incertidumbre de datos. Te decía que no. Había otra razón ¿cuál?, aquí viene la mejor parte, Ulises: no mata, sino que ayuda a que se maten.

— ¡Eso nos faltaba! Jefe ¿usted piensa que alguien, de quien guarda en secreto su identidad, elabora un plan, crea una organización —increíble, por cierto—, para matar, digo, facilitar que se maten?

—Sí, podría ser posible.

—No lo puedo creer. Y no me ha dicho nada sobre los campanazos.

—Ulises ¿te gustó el café con leche de tu amigo Henry?

Ulises conocía tanto a Torrealta que vislumbró un doble sentido en la pregunta y buscó en su paladar una respuesta cierta. No, no era el mismo café con leche del que guardaba un gusto exquisito, algo faltaba en él, y lo dijo:

—No hierve la leche todo el día. Vi la nata del caldero, era de poco grosor.

—¿No te dice nada? Mira que siempre confié en tus observaciones. Dime algo, que un detalle puede resultar una piedra bien lanzada que tumba el mango maduro.

—¡Coño!, perdona jefe, se me resbaló la mala palabra. Apunto la frase, es buena «la piedra que tumba el mango maduro».

—Ulises, di cualquier cosa que me ayude y déjate de adularme que para eso debes escribir estas historias algún día.

—Ya no sé ni qué decir en este enredo.

—Lo sé, amigo. Estamos iguales, pero hay algo que debes darte cuenta, es obvio.

—No es el mismo café con leche. No es el mismo Henry. ¿Quién es el cocinero? ¿Un farsante?

—Su hermano mellizo, quien lo suplanta. ¿Cómo lo descubro? Observé los detalles. Luego le pregunté cosas que no pudo responderme. Yo no sé cómo lo pasaste por alto.

—Estaba ciego, jefe. En un amigo confío ciegamente.

—Eso me lo explica todo. Ahora, a lo que vamos. ¿Quién puede ser el asesino?

—El asesino no, jefe, el que ayuda para que se maten ellos mismos. Eso me acaba de explicar usted.

—Es lo que quiere hacernos ver el asesino. ¿Qué te pasa, Ulises? Piensa.

—Jefe, ¡ahora sí que le cayó sarna al rabo de la *bibijoa*!

—Pues, nada, Ulises. Vamos a ver a tu amigo allá en Puerto Rico a que nos dé un remedio para curarle el rabo a la *bibijoa*.

La Casa Maldita

A otra cosa, mariposa.

De los pormenores fue enterándose Ulises y, a cambio, leyó sus apuntes que antes parecían alocados, sin fundamento, aunque entendía que debían decirse las opiniones, que así saldría la verdad a flote.

—Dame una lista de posibles sospechosos, Ulises.

—¿Posibles?

—Es una forma de decirte que no tengo a quien culpar, que no tengo certezas sino dudas inmensas.

—En ese caso, jefe, leo: Demetrio, Churre, Zamora, Henry...

—¿Henry? ¿Por qué Henry?

—No sé el nombre del impostor.

—Gero. El hermano mellizo se nombra Gero. Sigue con la lista.

—Jefe, ahora recuerdo, no me lo dice, por tercera vez lo pregunto ¿por qué los campanazos del impostor, de Gero?

—No tiene importancia. Era para involucrarlo, pues él me contó lo de las campanas cada vez que se ahorcaba alguien.

—Y ¿es cierto?

—Creo que no.

—Razón de más para situarlo en su lugar, como primer sospechoso. Bueno. Repito: Demetrio, Churre, Zamora, Gero el campanero, MaDolores, Juliana... No hemos visitado a Juliana, la cocinera.

—Yo sí. No tiene nada que ver en el adobo de la sopa de piedras.

—¿Sopa de piedras?

—No me hagas caso. Aunque mis sospechas se basan en la sopa que comían los residentes de la Casa Maldita. A la sopa le echaban belladona, era una muerte lenta pero segura, que confundiría al más sabiondo.

—Menos a usted, seguro.

—No, al doctor Jonás Galán. Él dio con el veneno, yo con el posible culpable.

—Pues se me acabaron los sospechosos —dijo Ulises y agregó—. Usted tiene al asesino ¿por qué no me dice el nombre?

—Escribe el nombre de otro sospechoso, Enrique.

—¿Henry? A los Enriques le dicen así y...

—No, a Mamerto, al que le puse Enrique, lo habías olvidado. El hombre que sabe mucho y encaja bien en esta historia.

—Mamerto. Claro, el hombre que recuerda los detalles desde que era niño. Se las sabe todas.

—Anota. Vamos a cerrar el círculo. Vamos a dejar afuera a los improbables.

Se pasaron todo el tiempo que les quedaba en la tarea, antes de que aparecieran los que buscaban a Ulises; alguien les avisó que regresaran. Hicieron varios borradores. Rompieron muchas hojas de papel de la libreta y, al quedar solo una, Ulises dijo:

—Jefe, ahorita escribimos en la tierra o en la pared, se me acaba la libreta.

—Escribe el último nombre, amigo. Pon ahí, y con letras grandes...

Tocaron a la puerta, con nudillos de piedra. Afuera había un tropel de gente. Ulises guardó la libreta y abrió la puerta. Eran muchos, entre los destacados conocidos estaban: el capitán, con cara de malo; el alcalde Belisario, asustado; Churre, revólver en mano; Merengue, y su mirada perdida; Demetrio, en traje de dril cien, impoluto; Gero, el cocinero farsante; el cura del pueblo, que nunca presentó la cara; el doctor Jonás Galán, más imponente que nunca; el doctor Carmona, asustado; Oliveros, el dueño del hotel Mascota; MaDolores, sobre una silla con cuatro ruedas de carretilla que la empujaba Mamerto; Cívico, limpio y ordenado; Otros había, simples curiosos, niños estupefactos, mujeres temerosas de las maldiciones. Todos miraban a Ulises con la ansiedad de que dijera algo, una frase que los sustrajera del lugar, un aviso de que todo estaba resuelto. Pero Ulises se limitó a un comentario lacerante:

—Jefe, aquí están todos los posibles culpables.

El murmullo creció y los temores provocaron las protestas. El alcalde habló:

—Yo no soy culpable de nada. Si ustedes me acusan pierdo las elecciones. Mira bien lo que dices.

La gente se alborotaba. Alguien del grupo gritó:

—¡Candela con la Casa Maldita!

—Sí, sí —Las voces se multiplicaron enseguida. Los más resueltos buscaron cómo iniciar un incendio. Unos iban a sus casas y otros a la bodega más cercana a procurar gas o alcohol. Uno del grupo sacó unos fósforos, lo encendió y dijo:

—Busquen papel y leña. Candela con esta desgraciada casa de los Infiernos.

El tumulto rompió fila, menos los que sabían que no era cuestión de candela sino de atrapar al culpable que estaba vivo, que no eran fantasmas vengativos.

Torrealta salió. Le dio el fusil Winchester a Ulises, él sacó su revólver de cachas negras. Y dijo:

—Señoras y señores, míster Wallas, el marinero que inició este caso de ahorcamientos, me habló hoy, y me dijo quién era el criminal.

Los presentes se miraron entre sí, ¿el teniente se había vuelto loco? ¿Entre ellos estaba el criminal?

Torrealta señaló al tumulto y sentenció:

—Él mismo se acusará. Tiene un arma y es peligroso. Está entre ustedes y vive en aquella casa azul. Con la vista siguieron el dedo apuntador, que señalaba hacia la falda de la loma de Cámara, a una casita en el borde del camino, sola y de color azul. Se oyó una voz, trémula:

—¿Mamerto?

Del grupo salió Mamerto, Enrique, dispuesto a herir con su arma sostenida en su mano izquierda, quien se abalanzó hacia el teniente y este fue a dispararle, pero su revólver se encasquilló. La gente abría un surco y por el centro venía Mamerto, dispuesto a matar. Estaba cerca de su objetivo, Torrealta, quien manipulaba su arma con cara de inconformidad y miraba a Ulises, como despidiéndose de él.

Ulises disparó el Winchester. Mamerto cayó herido, casi encima de Torrealta.

La escena fue tan rápida que nadie podría detallarla íntegramente, excepto Ulises, que vio pasar su niñez; vio la amistad que los unía; vio una luz que lo redimía de culpas si hacía el disparo preciso, a tiempo, y dejaba de sentir miedo a portar armas, a disparar con ella. Torrealta sonreía cuando Ulises se le acercó, sin el Winchester que había dejado caer al suelo. Buscaba la herida sufrida si el asesino había llegado hasta él, al caer fulminado por la bala que lo detuvo en seco, un plomazo mortal en el pecho. Torrealta alzó su revólver, disparó al aire dos veces y dijo:

—Casi me mata el muy puñetero. Si no es porque recapacitas a tiempo me hunde su cuchillo en el corazón.

—¿No se le encasquilló el revólver, jefe?
—No.

Ulises entendió el valor de la amistad.

En el suelo, desangrándose, asistido por el doctor Galán y Carmona, el moribundo miró por última vez al teniente. En sus ojos culpables había una pregunta que no pudo hacer, el teniente lo supo y le contestó:

—Desde el principio sospeché de ti, Mamerto Trueba, alias *Mastuerzo*. No había otro que guardara más malicias que tú, que tuviera más agallas, que dejara de latir el corazón por tal de matar, con placer y saña. Todas las matanzas se parecen porque la historia se repite. Muchas evidencias, todas coincidentes, sabrosas de digerir, pero un detalle te engañó. Tú, que fuiste cuidadoso durante años en la preparación de tus crímenes, dejaste al descubierto un detalle, la memoria.

La gente se acercó a escucharle el discurso. Intrigados por el detalle, el detalle que dejaría a los héroes de las novelas policíacas chiquitos delante de Torrealta y Ulises. Pero el teniente se pegó al oído de

Mamerto y le dijo algo, un susurro de mariposa, un par de frases, quizás tres, nadie pudo escucharlas, no le vieron los labios para adivinarle una palabra. Vieron, eso sí, cómo el moribundo se retorcía y expiraba, con la boca deseosa de pronunciar una sílaba que sobrepasara el entendimiento humano, una magia de brujos, una maldición gitana que se cumpliría en el tiempo impreciso.

Torrealta se levantó despacio y como despedida dijo:

—Amigos y vecinos, esto es todo lo que vieron hoy y narrarán mañana. Nos vemos pronto, levanten al muerto y entiérrenlo. Apesta ya. Adiós.

***

En el hotel Mascota, después de cenar con ganas y de tomar café recién colado por el hermano de Henry, Ulises no se podía dormir y quedarse con las dudas y, además, había comprado tres libretas en la tienda El Navío, de Juan Arrom. Compró lápices, reglas y gomas de borrar suficientes para escribir una novela de aventuras. Estaban relucientes; abierta una de ellas parecía un baúl en espera de que lo llenasen. Fue directo a Torrealta y lo tocó en el hombro.

—Oiga, jefe. Me falta el final de esta historia. No puedo cerrar el caso de la Casa Maldita sin que me diga cómo llegó a descubrir al asesino.

—Escribe ahí, Ulises.

Torrealta se sentó en la cama. Encendió un cigarro, sacó su revólver, metió la mano debajo de la cama y puso el Winchester sobre ella. Una vez todo en su lugar, dijo:

—Mamerto mintió desde la primera entrevista ¿la recuerdas? Una mentira requiere memoria. Dijo sobre un tumor en las asentaderas para justificar su ausencia durante los hechos cuando le pregunté si el hombre estaba orinado en sus bragas.

—De todas formas, si lo ahorcan se orina. Eso es sabido ¿no?

—No, y menos si murió antes. Muchos no saben que si es envenenado con belladona los tósigos de esta planta trancan la vejiga ¿sabías eso? De manera que yo preguntaba sin saberlo, pero luego me entero y comparo las respuestas. De todas maneras, luego te dijo que había visto a la mujer. Mentía.

—Ya, y mentir requiere memoria.

—Cierto. Lo investigué sin decirte nada. Era zurdo. La soga estaba amarrada al lado izquierdo, conozco esas amarras. Era él quien llevaba las comidas. Estábamos frente a un asesino inteligente que tejía una historia de fantasmas y venganzas y gente suicida para tapar sus fechorías.

—¿Y el cocinero?

—Supe que no era el mismo de antes y lo interrogué, me dijo la verdad y que él estaba detrás del asesino, sus padres vinieron al pueblo a ver al hermano, a Henry, se hospedaron en la Casa Maldita, y Mamerto los mató. Su padre fue de los primeros, el tal Geroncio con su madrastra y cuñada. Henry no podía hacer nada, no era lo suficientemente vivaracho como para descubrir a un asesino tan taimado y sutil. Buscó al hermano mellizo, había estado preso por diez años y era suspicaz, terrible en el combate cuerpo a cuerpo, temido en prisión. ¿Le viste su tatuaje?

—No. Sinceramente no me fijé en el detalle ¿dónde lo tenía?

—En la nuca.

—Por eso nunca me dio la espalda. ¿Llevaba otra marca?

—Dos puñales cruzados.

—¡Vaya, ¡quién lo hubiera sabido!

—Él sustituyó a Henry, tu amigo. De él supe muchas cosas. Perdona no te las dijera, Ulises, perdona.

—Muy bien jefe. Ahora ¿cuál es el próximo paso?

—Esperar que surja un nuevo caso. Nos vamos mañana a Santísima Trinidad de Venganzábalos. Quiero reposo por un tiempo ¿y tú?

—Yo también. Nos veremos involucrados en otra aventura cuando se pueda, jefe.

—No, cuando nos llamen.

—Terminamos esta con su frase favorita, jefe: «A otra cosa, mariposa».

Made in the USA
Columbia, SC
23 June 2023

Islam - A Complete Way of Life

Edited by Abu Tariq and S. Baig

مكتبة اسلامية Maktabalslamia

Islam – A Complete Way of Life | 3

Contents

Prologue	5
Introduction	8
Islam as an ideology	10
The Islamic creed (Aqeedah)	11
The existence of the Creator	12
Prophets and messengers	13
Comprehending the miracle of the Quran	22
Investigating the possible sources of the Quran	26
Islam compared to other ideologies	32
The Islamic system	36
Worship in Islam (Ibadah)	39
The political system in Islam	42
Islamic social system	45
The Economic system in Islam	50
The individual and the society	56
Islam and freedom	59
Islam and racism	64

Islam and jihad 67

Islam today 70

Epilogue 72

Prologue

The social culture in which children are raised is the primary determinant of whether they will succeed as adults. A culture that seeks instant gratification and considers freedom from every obligation as a primary objective is the antithesis to one that nurtures the discipline and responsibility required for the positive development of children...

[The West], devoid of standard social norms for sexual relations or parental responsibilities, an increasing number of children are born into environments inadequate for their upbringing. We see teenage mothers, single parents without adequate incomes, parents in the growing underclass, parents on drugs, and so forth.

The risk of these children being unemployed or involved in violent activity or other crimes as adults is much higher than for children in stable two-parent families. But even those children raised in two-parent families who do not have a strong cultural identification have some of the stereotyped characteristics of "Generation X" - anomie, aimlessness, and so forth.

Society is undergoing a cultural transformation in which old social relations have been scoured to clean out oppression and exploitation. Over the last several hundred years, we have sought to avoid oppression by political leaders with checks and balances on power. We have attempted to eliminate the oppression of one race by another through antislavery and civil rights legislation. We have tried to eliminate excessive burdens in industrial employment through child-labor laws and minimum-wage laws. We have sought to end the subjugation of women by providing the right to vote, liberalizing divorce laws, and providing equal pay employment. Now we speak about children divorcing their parents.

Through our laws there are now over one million people in the U.S. prisons, yet the streets are not safe. By legislation more people than ever receive welfare benefits or social services, yet the costs incurred from those increased payments will drive the nation into bankruptcy if not checked. Attacking the symptoms will no cure the ill. The family is traditionally the backbone of society. As the American family crisis grows, so does the likelihood of social collapse.

The decline of the moral authority, combined with the reliance on legal justice, utilitarian values, and contractual relations, are rapidly making the United States a social wasteland with dysfunctional politics, dysfunctional religion, dysfunctional industries, and dysfunctional homes. The end product is not autonomous individuals, but dysfunctional individuals.

I would argue that the whole collapse of the family, the collapse of the inner city, the collapse of the school systems, the emergence of the drug culture, the rise of violent crime, a whole range of things, are a function of a crisis in our civilization, they're not a function of the breakdown of bureaucracy, and that we've been running around trying to deal with symptoms because there was no space in the public square to talk directly and candidly about our civilization...

When you read on the front page of the New York Times that they can't tell how many drugs there are in a prison - a society which can't impose its authority in a prison shouldn't be surprised that it can't impose its authority on the street.

And most of the things we're trying to describe in the collapse of education and in the collapse of the inner city and in the collapse of our young are in fact civilizational collapses. It's the failure to have the right answer first thing in the morning when they wake up in terms of how [people] should live their life...

Let me suggest to you, when the National Assessment of Educational Progress tells you that this year 74 percent of the fourth graders cannot read at fourth grade level, only 26 percent of the fourth graders can read at fourth grade level; when the Milwaukee Journal Sentinel says on June 28th, 79 percent of the Milwaukee public school seniors fail math exam - 79 percent - I mean, if this isn't the beginning of the collapse of your civilization, how bad does it have to get to have indicators?

You have a society which is failing to identify what matters and failing to insist that the next generation learn it...

Excerpts from Speech given by Newt Gingrich at the National Press Club: July 5, 1995:

"There is no longer a sense of sanctuary anywhere, millions of Americans are afraid to walk the streets or to use their parks"

"To our international shame, Washington DC has the highest rate [of crime] of any capital city in the World."

"Our criminal justice system has abysmally failed to deliver what should be the first freedom, freedom from fear"

"Parents need the support of moral cultural institutions to instill in their children the values necessary for a decent society worth emulating: they don't have it."

"Our crisis of values at home coupled with our lack of a coherent mission abroad has created an even more deadly spiritual deficit. We seem to be experiencing what Arnold Toynbee 60 years ago called the dark night of the soul."

Excerpts from Beyond Peace by Richard Nixon

These words oblige us to reevaluate Abraham Lincoln's statement, reiterated at Texas A&M in 1992 by George Bush, that *"America is the last best hope of man on Earth".*

Introduction

Crime, Poverty, Social deterioration, Political corruption, Racism and Apathy; These words evoke an all too familiar vision that characterizes our homes, our communities, our countries, and the world at large. Philosophers, Sociologists, Politicians, and ordinary citizens have aspired to devise viable solutions to these modern ailments; however, contradictory to the desired outcome of these efforts, the magnitude of the problems is rapidly increasing.

As testimony to this fact stand the volumes of statistics generated weekly by the agencies monitoring the world situation. Every solution implemented by the current world order only breeds more problems, and the existing problems continue to grow with each passing year. The persistent inadequacy of the West in dealing with these issues raises questions as to the source of its failure. Any viable solution to these problems must consist of both, the correct idea, as well as the mechanism and the resources to implement that idea. Therefore, the failure of the West could either stem from a lack of resources, or be deeply rooted in the ideas upon which Western Civilization is built, Capitalism and Secularism. As demonstrated by the numerous social and economic programs already implemented, which have mobilized an enormous amount of manpower and wealth, one can clearly see that the resources are not in scarcity. Consequently, the problems in the Western societies must emanate from the secular, capitalist mentality upon which the deployment of the resources is based. This failure of Capitalism is well recognized; however, the paradigm of the Capitalist ideology is deeply rooted in the society and has yet to be broken.

Thus, today, the societies of the world find themselves at a crossroads. Humanity can either continue to tread down the road of failure, marching to the tune of Capitalism and Secularism, or it can search for a new path, a new ideology to direct its thinking and its efforts. Surely, the World is in need of a new and correct ideology, and it is with this vision that it must evaluate Islam.

Islam as an ideology

The word 'Islam', in Arabic, means submission and peace. As a term, 'Islam' refers to the Message which was revealed to Muhammad (peace be upon him) by Allah, the One Creator, and a 'Muslim' is the one who believes in Islam.

In sharp contrast to Christianity, Judaism, and other religions, Islam is not merely a religion. Rather, Islam is a unique and comprehensive ideology that guides the life of the human being. Like any other ideology, Islam consists of a creed or doctrine, and a system of rules and regulations. Unlike other ideologies, however, it is not man-made.

The creed of Islam (Aqeedah) provides the correct and comprehensive answer to the fundamental question regarding the existence of man and universe. It addresses the issue of the human being's purpose in life and integrates it into the grand scheme of existence, i.e. what came before this life and what will come after it. Thus, the Islamic creed settles the core problem in every person's life, that of the nature of our existence, and serves as the guiding principle for humanity to conduct its affairs by.

The Islamic system provides a comprehensive law governing the affairs of the human beings. It establishes, in the absolute, correct manner,

1) The relationship between the human being and his Creator,

2) The personal affairs of individuals, and

3) The social, political, economic, and international relationships that exist in the society.

The system has its own method that provides the means for its implementation, thereby transferring it from 'theory' to 'practice'. It is an integral part of the ideology and distinguishes it from a philosophy, which provides hypothetical ideas but no practical means of implementing them.

Thus, Islam consists of a creed, and system. What distinguishes Islam from the ideologies of Capitalism and Communism is that Islam is built on the correct idea, established through rational thought. In contrast, the other ideologies in the world failed to build a comprehensive and rational outlook to the life of the human being and the world in which he exists.

The Islamic creed (*Aqeedah*)

The Islamic creed (Aqeedah) encompasses ideas and thoughts related to our existence that, as a whole, are unique to Islam, and adopting these ideas with absolute conviction is a prerequisite for becoming a Muslim. Since the Islamic creed is absolute, it tolerates no indecisiveness or uncertainty in its ideas or thoughts. As for the laws which emanate from the Islamic creed, the possibility of differences exists, and is acceptable provided there is sufficient evidence from the legislative sources of Islam to support each view.

Establishing the absolute certainty and conviction in the Islamic creed can be achieved by two means:

1) The intellectual and enlightened thought, i.e. that which is based on rational thinking, or

2) Through a source whose credibility and authority has been established beyond any doubt by the intellectual and enlightened thought.

Thus, the Islamic creed cannot be taken through imitation, emotional appeal, blind faith, or from any other source which didn't meet the above criteria.

The Islamic creed is structured around three fundamental ideas:

The first idea is the conviction that the Universe, Life, and Human beings are created, and therefore have a Creator, addressed in the Arabic language as Allah. Allah is absolute, unlimited, independent, One, and has neither a beginning nor an end.

The second idea is the conviction that Prophethood is a necessity for humanity and that the Creator, Allah, indeed sent Messengers and Prophets to humanity to organize its affairs.

The third idea in Islam is the conviction that the Quran is a book revealed by Allah, consisting of only the speech of the Creator. It is the miraculous proof of the Prophethood of Muhammad (peace be upon him) who was sent as the last and final Prophet and Messenger of Allah.

The existence of the Creator

The belief in the existence of Allah, the Creator, is arrived at through a rational and enlightened examination of the universe. Studying any aspect of the Universe, whether it be the subatomic particles present only in particle accelerators or the mountain ranges, solar systems, and galaxies that are abound, would lead anyone to conclude that this universe is created.

All of these things are finite and dependent because physical laws bind them, they change with time and are limited in the scope of their effects. These attributes make it impossible for anything in this universe to be infinite, whether it is in relation to time, space, or any other dimension or attribute. Consequently, they must have a beginning, which is their creation by the Creator, Allah. This proof is simple and obvious and it is not surprising that the majority of people believe that there exists a Creator.

What distinguishes the Islamic creed from other creeds and philosophies is that Islam went beyond the realization of the Creator's existence. Islam uniquely gives a deeper understanding regarding the implication of the Creator's existence, whereas many people are allowed shallow thinking and emotions to arbitrate their understanding of and relationship with the Creator. Islam maintains its intellectual integrity to arrive at the conclusion that the Creator is absolute, unlimited, and ONE.

Allah is unique. He is the One, and He is self-subsistent. He does not produce children, nor does He have parents, and there can be nothing else like Him. Allah does not have a gender, a weakness, nor, a need. He does not incarnate in things, nor do things merge with Him. He cannot be divided into two or three, or assigned any attribute which Him in any way. This is the correct, intellectual understanding of the Creator, and it is what Islam addressed the people with.

"Lo, in the creation of the heavens and the earth, and the difference of night and day, and the ships which run upon the sea with that which is of use to men, and the water which Allah sends down from the sky, thereby reviving the earth after its death, and dispersing all kinds of beasts therein, and (in) the ordinance of the winds, and the clouds obedient between heaven and earth are signs (of Allah's sovereignty) for people who have sense"

[TMQ 2:164]

Prophets and messengers

The second pillar of the Islamic doctrine, after believing in the existence and the Oneness of the Creator and His Sovereignty, is to believe that Muhammad is the Messenger of Allah. In order to establish the belief in this idea, one must first acknowledge the human beings' need for Messengers from Allah and subsequently evaluate and accept the proof for the Messengership of Muhammad (saws).

Regarding the need for Messengers, it can be established through an examination of some basic aspects of human life, they being the instinctual drive to worship, the human beings' need to establish societal relationships, and mankind's natural right to be free from the slavery to other human beings.

The instinct to worship exists in every human being and it is evident in every society. Even atheistic peoples such as the Communists, though they didn't believe in the Creator, attempted to satisfy this instinctual behavior by sanctifying individuals such as Lenin or groups such as the Communist party. Other nations developed mythical tales to explain their origins and invented rituals to please their imaginary deities. Still others, such as the capitalists found themselves worshipping fame or money. If, however, this instinctual behavior of worshipping is molded by intellectual and enlightened thought, one would realize that the only being worthy of worship is the Creator, Allah. This is because Allah is the one who created the human being, created the instinct of worship in him, and has the ability to influence man's destiny. Therefore, Allah alone should be worshipped. This is of course, the most basic belief of the Islamic Aqeedah. However, the question that arises from this conclusion is that of how to worship Allah. Regarding this, it needs to be understood that worshipping is a relationship between the human being and Allah. Every relationship needs to be defined because that definition becomes the basis for the relation. If the relationship between the human being and Allah is not defined, then there will be no mechanism by which the instinct of worship could be satisfied. Thus, the worship needs to be defined, and the real question is how to define this relationship between the human being and Allah. Reflecting on this issue yields the possibility that this relationship could be defined by either,

1. Each individual for himself,
2. The consensus of all individuals, or
3. By the Creator, Allah.

Establishing the worship relationship with Allah, as with any relationship, requires one to have some knowledge regarding all parties in the relationship. With regards to Allah, the human being can obtain only very limited knowledge about Him through the use of the intellect. Thus, he is able to ascertain His existence, His Oneness, His Sovereignty, and other attributes. However, the human being can in no way ascertain how the Creator should be sanctified or worshipped. It is not possible to use the intellect to know what Allah (swt) likes or dislikes or to even talk about the concept of like or dislike regarding Allah (swt). This is because Allah is Unlimited and beyond our perception and comprehension, and presupposing how Allah ought to be worshipped is pure speculation that has no basis in reality. Thus, the human being by himself cannot determine how to Worship Allah (swt). In addition, if each individual worships Allah according to his own thinking, this will eventually lead to conflict in the society. One individual's idea of worship may be to construct idols to worship Allah (swt), and someone else's idea of worship may be to destroy all idols. Some others would consider sacrificing the blood of other human beings as rituals in their worship, while others would consider sacrificing a virgin to the ocean or cliff as an act of worship.

Since the worship is an instinct that needs to be satisfied, both individuals would strive to perform their worship, and the inevitable result would be a fierce struggle between the people. In addition, the criterion for each one's worship is purely subjective, so there is no way that this conflict can be solved except by one dominating the other. In summary, the result of allowing human beings to establish the worship relationship for themselves is not only that they would have false concepts regarding worship, but they would also fight against each other for the sake of those false concepts. Thus, it is incorrect to satisfy the instinct of worship according to the individual's own thinking.

The second possibility is that the means of worship would be set through the consensus of all individuals. However, it has already been established that the human being does not have enough knowledge regarding Allah to establish this relationship. This is true of each individual as well as the collection of all individuals. So, though every human being may agree to a specific form of worshipping Allah, there is no rational basis for believing that that form of worship is correct. In addition, the idea of having a consensus is itself vague. It would require surveying the opinion of every individual, adopting those ideas that have the most popularity, and convincing everyone to adopt them as their standard, which in reality is impossible. Therefore, the worship of Allah cannot be determined by the consensus of individuals either.

The final possibility is that the Creator would determine for humanity how He should be worshipped. Since Allah (swt) is the Creator of mankind, and the one who instilled the attribute of worship in the human being, He is the only one knows how this instinct is best satisfied. In addition, Allah (swt) is the only One who has the knowledge of what the duty of the human being towards Him is. Therefore the only way for the human being to satisfy his instinct of worship correctly is to do so based on revelation from the Creator. The revelation, however, is not something sent to each and every individual. This is obvious since not every human being claims to have revelation. In fact, very few people in the history of humanity have ever claimed to receive revelation. In addition, the very fact that human beings have developed so many different forms of worship indicates that the revelation, which one would expect to be consistent in its basic ideas, does not come on an individual basis. Thus, the revelation must come to humanity through specific individuals commissioned by the Creator as Messengers. Messengers are needed not only to convey the message, but also to demonstrate the practical method of worshipping Allah (swt). This is due to the fact that the instinct of worship is satisfied through practical actions, whether it is reciting some words or performing certain actions.

Therefore, humanity is in need of Messengers to instruct the people regarding how Allah (swt) should be worshipped as well as to demonstrate the proper implementation of this worship.

In addition to this proof of the need for Messengers, there are other proofs that also arise from a study of the human being's life. Human beings, by their nature, are social creatures. They must live in societies and establish relations between each other. These relationships are geared towards the satisfaction of the human being's needs and instincts. Thus, we establish economies in order to earn wealth and satisfy our survival instinct. We marry and have children in order to satisfy the instinctual desire to preserve the human race. Along with these, there are many other activities in the society, all of which serve to satisfy the human being and provide him with tranquillity. Thus, the goal of every society ought to be the satisfaction of the needs and instincts of every human being. Since theses needs and instincts are satisfied through the relationships, it is essential that these relationships be formed in the correct way.

The relationships in any society are determined by the system that is applied in that society. This system could either be a product of man made thinking or be from the Creator of mankind. If one looks to the history of man-made systems, one would find that man-made systems are imperfect, subject to biases, contradiction, shortsightedness, and change according to time and place. Thus, mankind has never been able to produce a perfect system that is capable of establishing the correct relationships which satisfy all the needs and instincts of every individual for all times. Rather, what we find are systems that lead to the satisfaction of only some individuals at the expense of the masses. Modern day Capitalist societies are a clear example of such a result from man-made systems. Wealthy nations such as the United States and Britain would have pets which are well groomed, fed, and sheltered in virtual palaces, while hundreds of thousands of the nation's own citizens would live in cardboard boxes, eat from the garbage of restaurants, and have no medical care. Moreover, the reality of man-made systems is that any solutions which they put forth to solve one problem, inevitably leads to more problems. The current "budget crisis" faced by America is a classic example of this. A Capitalist economy, by its very philosophy, leads to poverty in a certain percentage of the population. In order to attempt to solve this problem, the idea of Social Security and Medicare was developed. However, we find today that those programs have led to the emergence of welfare families, insurance fraud, and enormous debt, all of which have become primary problems in the society, and have been the focus of the so called budget crisis. Thus, it is impossible for human beings to establish a system for themselves that meets the needs of all the people and satisfies their instincts completely.

The only means by which human beings can live according to the correct and productive system is if that system comes from Allah, the Creator. Allah, being the Creator has full knowledge of good and bad, of what will bring prosperity and what will bring disaster. He is aware of the past, present, and future. He created the human being and knows his nature, what will satisfy him, and what will make him miserable. In addition, Allah is capable of providing a system that addresses every single human being, protects his rights, and gives him certain responsibilities that he is capable of fulfilling. Therefore, Allah is the one who should provide the system by which human beings organize their societies and satisfy their needs and instincts. This system, however, has come to in the form of a message from the Creator. It is not something that appears magically in the society such that the society begins to function through it immediately. Studying the reality today is enough to understand this point. Therefore, human beings, in order to establish the proper relations amongst themselves, are in need of Messengers from Allah who would convey the message to them and instruct them on its implementation.

The need for Messengers can also be established from the understanding that Allah creates us all, and as such we are equal. Thus, no human being ought to be sovereign over another and no one should be a slave to another. In fact, the only sovereign is Allah (swt), and the human beings would be slaves to Him only. Such slavery is worse than the physical slavery which some experienced in the plantation. However, if we accept the idea that man should legislate for himself in this life, then we begin to put some men sovereign over others. The philosophers of the western culture, however, argue that though God is the sovereign, He is the one who gave man the ability to legislate. Therefore, they argue, it is natural for the human being to legislate and attempt to discover, "God's law."

Man's ability to legislate, however, is not a special attribute that he is endowed with. Rather, it is merely an extension of his ability to think. Thinking requires the human being to pass judgements, and once the human being extends his judgements regarding the relationships in the society to be applied in the society, then he is legislating. Therefore, the ability to legislate is simply one of the functions of thinking. In addition, having the capacity to perform a certain action does not necessarily mean that one has the permission to do that action. As an example, just because we have hands and those hands have the ability to move and grasp objects, does not mean that we can take any object we wish, even if it belonged to another person. One needs permission from the owner of the object in order for one to perform that action. Thus, utilizing the human mind to legislate on behalf of the Sovereign requires a proof of permission from Him to do so. This permission would have to come in the form of a message. The Western philosophers cannot lay claim to any authentic message from Allah that gives them this permission; therefore, their claim that the human being ought to legislate on behalf of Allah is in fact an attempt to usurp the Sovereignty of Allah.

In addition, if the human being is permitted to legislate, those who will be able to do so are the ones who have the power and wealth to build public opinion and rally the masses. Thus, it is the powerful and wealthy who would decide for the rest of the society how they should live, what is right and wrong, good and evil, moral and immoral. The end result of this would be that the majority of the people would become slaves to a few elite. This was the case when the church in Europe claimed sovereignty for the clergy and ruled the people by their own man-made legislation. The consequence was that people came to be slaves to the church to the extent that they were not allowed to think except in the way the priests wanted them to, e.g. Galileo. Similarly, the Capitalist societies that emerged in Europe after the dissolution of the church as a political entity also made some men sovereign over others. They did so under the guise of democracy and instilled a new and more powerful system of slavery. Under democracy, the people have the illusion of freedom, when in reality, the are bound to live according to the legislation of a few people, elected to their posts due the support of the rich and powerful in the society.

This is the natural consequence of attempting to usurp Allah's sovereignty. Therefore, if human beings wish to live free from the slavery to each other, they must recognize Allah as the absolute Sovereign over them, and the only legislator for them. If Allah is to be the legislator, then we need Messengers from Him through whom the legislation comes. The legislation that comes from Allah is not biased for one group or another, and is the only means by which to have equity and justice for all human beings. Thus, the real sense of freedom is realized only when we recognize the need for Messengers from Allah, ascertain their truthfulness when they come, and follow them wholeheartedly, knowing that we are submitting to the Creator of mankind and the Universe, Allah.

This realization of the need for Messengers leads the rational human being to expect the appearance of Messengers and Prophets, and to establish a criterion by which to assess the validity of their claims to be such. This criterion cannot be anything but the credentials that the Messengers present. These credentials came in the form of miracles.

A miracle is an act that conclusively defies and transcends universal norms and laws, and is given, by Allah, to the Messengers and Prophets in order to establish for the people, the authenticity of the message. Since Allah is the Creator of all things, He is also the Creator of the attributes that all things possess. He is also the only one who can remove these attributes from objects or endow objects with new attributes.

Thus, a miracle would occur if a stone, which has the attribute of being lifeless, came to life; or fire, which has the attribute of producing heat, became cool; or any other miraculous things. These actions, or miracles, can only be from Allah, the Creator and they serve as the only proof that one is in fact a Messenger from the Creator. Thus, we must evaluate the declaration of all persons who claim to be Messengers and expose their falsehood or affirm their truthfulness based on the absence or witnessing of a miracle associated with their message.

The miracle which establishes Muhammad (peace be upon him) as the Messenger of Allah is the Quran. The Quran is an Arabic text, composed of the speech of Allah revealed to Muhammad (saw). Muhammad (saw) was given a book, the entirety of which has been transmitted from generation to generation, as a miracle because he is the final Messenger to all of humanity. Therefore, his miracle is such that those who would be introduced to this message after Muhammad (saw)'s time would have a proof for the truthfulness of his claim and be able to follow him. Though the Quran is an Arabic text and requires knowledge of the Arabic language to appreciate its style, the fact that it is a miraculous book can be understood even without Arabic language as is presented here.

Establishing the intellectual conviction that the Quran is in fact from Allah, and consequently declaring our belief in Muhammad (saw)'s Prophethood can be achieved through any of three methods,

1) By listening to the Quran, perceiving its style and eloquence, comprehending its miraculous aspect, and coming to the realization that it is from Allah, not man.
2) By investigating the possible sources of the Quran, or
3) By studying the Islamic ideology in comparison to other ideologies and concluding that the message of Islam could not have been produced by human intellect.

Comprehending the miracle of the Quran

The Quran is a book purely in Arabic language. Its eloquence and content is its miracle. Those who listen to it and understand it realize that it cannot be the speech of any human being. That is because the Quran's style and expressiveness is unlike that of any work produced by a human being. It is neither poetry nor prose, but a unique speech unparalleled in the history of Arabic literature. Its contents discuss the full spectrum of human needs, problems, and attitudes while maintaining relevance to all times. However, enjoying and tasting the miraculous nature of the Quran based on its eloquence and style is only achievable by those who are well versed in Arabic language. This is because the Quran is in Arabic language and it must be compared to other works in Arabic language in order to feel the uniqueness of its speech. This requires one to have a deep knowledge of Arabic language, Arabic grammar, and to be familiar with the language and style of classical Arabic literature. Thus, simply speaking Arabic alone is not sufficient.

Establishing the Arabic language as a prerequisite for directly appreciating the miraculous eloquence of the Quran does not necessarily preclude the possibility that non-Arabs would be able to appreciate some aspects of the Quran's eloquence through a deep study of its verses. Here we present a few examples of the Quran's style and eloquence to give those who are deficient in Arabic language a glimpse into the miracle of the Quran.

1. Allah says, *"And it was said: O Earth! Swallow thy water and, O sky! Be cleared of clouds! And the water was made to subside. And the commandment was fulfilled. And it [the ship] came to rest upon [the mount] Al-Judi and it was said: A far removal for wrongdoing people"* [TMQ11:44]

This verse (ayah) is talking about the time of Noah. It consists of only 17 words, yet in it, Allah has related to us the entire events of the flood and its aftermath. It tells us that the earth was filled with water and the clouds were overhead, then Allah ordered the Earth to drain the water from the land and the sky to be clear of clouds. Then, the Earth and the Sky complied with this order such that the land was no longer flooded, and the ship of Noah came to rest on a mountain. Then, Allah (swt) informs us that Noah's people were saved from their oppressors as well as the fact that those people were destroyed. All of these ideas are expressed in just one verse, with very short sentences, using six conjunctions, without repetition or faltering in the exceptional eloquence and style of the Quran. In fact, it is reported that when Ibn Muqaffah, a person commissioned by some Arabs to produce something like the Quran, heard this ayah being recited by a person, he gave up his effort and submitted to the superiority of the Quran's eloquence (*balagha*).

2. It is often said that a picture is worth a thousand words. However, when it comes to the Quran, with the use of very few words, Allah (swt) provides us with vivid descriptions of complex events such as that of a battle in one of its chapters (surahs). In this Surah, Allah describes the scene of a battle

in such a manner that the reader would be able to visualize not just a snapshot of it, but rather the entire course of the battle.

He (swt) says, *"By the steeds that run, with panting (breath), Striking sparks of fire (by their hooves), and scouring to the raid at dawn. And raise the dust in clouds the while, penetrating forthwith as one onto the midst (of the foe)";* (TMQ 100: 1-5)

Here, Allah (swt) details for us the energy of the horses as they snort in anticipation and the sparks arising from the clashing of their hoofs against stones on the ground in their fierce charge towards the enemy. The backdrop is the first light of dawn, and the tactic is to surprise the enemy. The dust is collecting behind them as a large troop rages across the desert sands, and the horses show full obedience to their masters as they ride into the ranks of the enemy, fearless and disciplined. The eloquence with which the Quran relates this is extraordinary. There are only ten words used to describe this entire scene in the Quran, but a comprehensive explanation of their meaning, in Arabic or any other language, would require pages.

These are just a few examples of the miraculous style of the Quran and its ability to express many meanings in very few words without compromising its eloquence. Thus, it is no wonder that every Arab poet, Muslim and non-Muslim would memorize or keep reading the Quran. In addition, the eloquence of the Quran is such that, even if one does not comprehend its meaning or know Arabic language, one would, upon hearing it, realize that it is a unique text and would appreciate its beauty.

In addition to the style of the Quran, its contents too are of a miraculous nature. The Quran speaks to us of so many phenomenon in this life which were not yet known at the time of Muhammad. In addition, by himself, Muhammad could not have produced a text which covered such vast fields as astronomy, geology, embryology, botany, entomology, history, and social, economic, and political principles. Some examples of the Quran's address on specific issues are presented here.

1) Allah says, *"And after that, the earth He expanded (or made egg shaped)"*

[TMQ 79:30]

In this ayah, Allah used the word *dahaha,* which in Arabic language can mean either expanded, spread out, or shaped like an egg, i.e. not perfectly a sphere. However, at the time of revelation of the Quran, the 7th century of the Common Era, no one had seen the earth from space to know that it wasn't flat or even to know that it wasn't a perfect sphere. In addition, regardless of the definition of the word *dahaha* that is used, the verse makes perfect sense. Thus, the Arabs at the time of the Prophet understood that the earth had been spread out and that is exactly what they saw when they looked in the horizon. This is of course, still applicable today. In addition, we know that the Earth is a globe, but not a perfect sphere yet it looks spread-out. This is still in line with the meaning. Moreover, if one looks at the earth from the ground, he sees that it is spread out, and if one looks at the earth from space, he sees that it is shaped like an egg. This is a testimony to the accuracy of the ideas presented in the Quran as well as to the relevance of the Quran to all people at all times, regardless of the level of their knowledge. Thus, the question that arises is where did Muhammad get this information, when, before him, there was no one who claimed to have such an idea.

2) In Surah Al Ana'm, Allah says, *"The horses, mules, and donkeys [he has created] to carry you, and as adornments, and He creates what you do not know"* (TMQ 16:5).

In this ayah, Allah informs us about the modes of transportation that he has created for us as well as the fact that these things are very beautiful to man.

In addition, though, Allah says that He also creates that which you do not know. If the Quran was from Muhammad, it would make no sense for him to say this, for he would never have known any mode of transportation other than the animals and the ships which Allah talked about in other ayahs. He also would not have any basis to expect the emergence of any new modes of transportation. In fact, we know that new modes of transportation such as the bicycle, car, or airplane were not invented until almost a millennium (1000 years) later. However, by Allah informing us that He has created other means of transportation which we do not know of yet, we come to appreciate the fact that even today's modes of transportation are from the mercy of Allah. Additionally, the ayah tells us of new modes that had yet to be developed. This makes the ayah relevant at all times.

Allah (swt) also told us about other things such as the developmental process that the human being goes through in the womb. The description of this process is exactly in accordance with what happens in the womb of the mother as explained by scientists today and related in medical textbooks. In fact, a famous embryologist, Moore, in his book Embryology, comments on the remarkably accurate description the Quran gives for the developing zygote. In all of these examples, the miraculous aspect is not the content alone, but also the manner in which it is presented. It is deep enough for scientists and other intellectuals to appreciate and dwell on, yet simple enough for a Bedouin from 1400 years ago to understand and note its eloquence.

This is the miracle of the Quran, the speech of the Creator Allah and it is the proof beyond any doubt that Muhammad (saw) is the Messenger of Allah.

Investigating the possible sources of the Quran

Another means by which to affirm that the Quran is from Allah is to investigate the potential sources of the Quran and determine which of those sources could have produced such a speech. Muhammad claimed that the Quran is from Allah. Thus, this presents us with two possibilities. Either Muhammad is,

1) a liar, and therefore the Quran is either from himself or from one of the Arabs, or

2) Truthful, and the Quran is from Allah and we have to believe in him as a Prophet.

Those who claim that Muhammad (saw) or one of the Arabs produced the Quran have no evidence to support their claim. First of all, if an Arab other than Muhammad (saw) produced the Quran then, who is he? Why is it that there is no record in history of his or her name? How did that person communicate with Muhammad? It is well documented that the revelation came to Muhammad (saw) in many situations. It would descend on him in his home, in the battlefield or the Masjid (place of worship), while he is traveling, and at other times and places. How would someone who is until today not known to anyone have communicated with Muhammad (saw) at all those times without anyone being a witness to such a thing. Thus, the proponents of the idea that an Arab produced the Quran and gave it to Muhammad (saw) have nothing to stand on but false accusations without even a hint of evidence to substantiate them. In addition to this, we know that no Arab was able to meet the challenge of the Quran to produce something like it. Allah says,

"And if you are in doubt concerning that which We (Allah) have sent down (i.e. Quran) to our slave Muhammad, then produce a Surah of the like thereof and call your witnesses (supporters and helpers) besides Allah, if you are truthful" (TMQ 2:23).

If an Arab did produce something of the level of the Quran, then one would expect that he would have been famous among the people already. People would have been familiar with his style. Others would have been expected to study with him or to have taught him. At least those teachers or students should have been able to recognize the style of the Quran as being his. They should even have been able to produce something similar to it as all human efforts can be surpassed by others later or at least imitated. This, however, has not been the case. In addition, it is an established historical fact that the Quran was revealed over 23 years. Many of its Surahs were revealed, not as complete Surahs, but rather over the course of many months and even years. In fact, some Surahs would have ayahs that were revealed at completely different times from the rest of the Surah interlaced into them in many different places without interrupting the flow of the Surah or the eloquence of the Surah. This would be equivalent to someone writing a masterpiece novel by writing a page or paragraph here and there, an impossible feat for a human being. In addition, human speech and writing has the characteristic that it improves with time, one's style gets better, more eloquent. However, we see that the Quran maintains the same level of superb style throughout the Quran. Though the tone of the speech may vary from one Surah to another, no one can say that the last complete Surah revealed, Surah Nasr, has a better or worse style or is more or less eloquent than the first few ayahs revealed of Surah Alaq, the first Surah. Thus, the Quran cannot be from any of the Arabs or any other human being.

The Quran also cannot be the work of Muhammad because he too is one of the Arabs. He was also known to be illiterate. He had never been taught how to read or write. Thus, he could not have produced a speech that surpasses that of all the intellectuals from the Arabs, past and present. Other evidence to support this conclusion is the fact that there are thousands of hadith, which document the speech of Muhammad. However the hadith are not miraculous in their speech. They are of the style of human speech, such that one would not be able to tell if a specific statement is from Muhammad or from a Sahabah except by the chain of narrators who would indicate the source of the statement. It is impossible that Muhammad would be able to maintain this difference between his speech and the revelation of the Quran.

In addition, if Muhammad produced the Quran, then why would he produce ayahs which actually threatened him, such as the ayah in which Allah says,

"And if he (Muhammad) had forged a false saying concerning Us, We surely should have seized him with power and might, And then certainly should have cut off his life artery (Aorta)." (TMQ 69:44-46)

Also, why would Muhammad (saw) purposefully put himself in a position that could have threatened his credibility, such as the incident related to Surah of the Cave? Muhammad, (saw) in response to a challenge from the Pagans had told them he would give them the answer tomorrow, assuming that Allah (swt) would send the revelation to him by then. However, he was forced to wait three days, after which Allah revealed the ayahs addressing the disbelievers' challenge along with an ayah reminding the Prophet,

"And say not of anything: Indeed, I shall do that tomorrow. Except [that you say] if Allah wills. And remember your Lord when you forget, and say: It may be that my Lord guides me to a nearer way of truth than this" (TMQ 18:23-24)

Allah (swt) also blamed the Prophet (saw) for other things such as turning away from the blind man and for swearing to leave some permissible things to please his wives. None of those things would serve any purpose to him if he had been producing the Quran all along and deceiving the people.

Regarding the coming of the revelation, Allah says, *"We (angel of revelation, Gibreel) come not down save by commandment of your Lord. To Him belongs all that is before us and all that is behind us and all that is between those two, and your Lord was never forgetful."* (TMQ 19:64).

This ayah was revealed in response to Muhammad (saw)'s question to Gibreel as to why he hadn't come to him in some time. If Muhammad (saw) were to produce the Quran on his own, for what purpose would he think of such an ayah as well as fabricate the incident surrounding it.

The Quran also made many statements, which would have been foolish for Muhammad (saw) to make as they could have undermined his entire message. As an example, in Surah Masad, Allah condemned Abu Lahab and his wife to Jahannam (Hellfire),

"The power of Abu Lahab will perish, and he will perish. His wealth and gains will not exempt him. He will be plunged in flaming Fire, and his wife, the wood carrier, will have upon her neck a halter of palm-fiber" (TMQ 111:1-5).

Here, the Quran makes a promise that Abu Lahab and his wife will never accept Islam. How would Muhammad (saw) know this? How would he know that Abu Lahab would not declare his belief in the Islamic doctrine hypocritically such that all the people would think the Quran was wrong? In addition, if Muhammad (saw) were to produce such an ayah he would have been expected to produce them about other enemies just as staunch in their hatred during the Meccan period, such as Abu Jahl and Abu Sufyan. However, Allah did not reveal such ayahs because Allah (swt) knows that Abu Sufyan would become Muslims and perhaps because Abu Jahl may have taken the shahadah hypocritically. Only Allah could have known for sure that Abu Lahab would be too arrogant to do this.

Similarly, the Quran made many other predictions such as the defeat of the Byzantines by the Romans and the return of Muhammad (saw) back to Mecca as its ruler. It is impossible that Muhammad (saw) could have known that the Romans and Persians would even have a war within the 10-year period specified by the ayah, let alone know that the Romans would be successful. Also, how would Muhammad (saw) even know that he would live long enough to return to Mecca. How would he know that he would be successful enough to defeat the power of the Quraish. If any of those prophecies were not to come true, the entire message of Islam would have become unraveled.

Thus, these evidences reaffirm that Muhammad (saw) could not have produced the Quran. It is full of knowledge and wisdom that is beyond the capacity of any nation or human being to produce. Therefore, Muhammad (saw) cannot be deemed a liar and must be believed in as a Messenger from Allah.

Islam compared to other ideologies

It is well recognized by Muslims and non-Muslims that Islam is an ideology. It is a comprehensive way of life that organizes all the affairs of humanity. In addition, this ideology came before any other ideologies existed in the world. The Romans, Persians, Arabs, and other nations, before the emergence of Islam, had no ideology which they had adopted or on the basis of which they conducted their affairs. Rather, authoritarian rulers or tribal chiefs who implemented their whims and desires and protected their personal or familial interests ran all the societies in the world. Thus, it is evident that Muhammad was the first to carry any ideology to humanity.

A study of the historical emergence of ideologies in the West demonstrates that it took many centuries and the ideas of many individual thinkers and the efforts of many groups to give birth to the ideologies of Capitalism and Communism. In addition, these ideologies emerged almost 1100 years after Islam. John Locke's Two Treatises of Government were written in the 17th Century, and didn't come to have their ideas implemented until near the end of the 18th Century. Also, it took the works of many philosophers such as Locke, Russo, Adam Smith, and others to develop only the theoretical framework of the capitalist ideology. After the theoretical framework of these ideologies was laid down, it took another century for them to be established in the practical form of nation states that implemented these ideologies. Over the course of time, these ideologies have evolved, adopting new ideas and discarding archaic ones.

However, if one looks to the Islamic ideology, its origins, its establishment, its achievements, and its systems, and compares it to the Western ideologies, one would easily come to the conclusion that it is impossible that the Islamic ideology originated from man's thinking. Firstly, Islam came through only one person, Muhammad (saw). Islam originated with his efforts and he began to carry its ideas initially to the Arab people with whom he lived and later to the rest of humanity. The ideas he brought were in sharp contrast to the status quo, and the resistance to his call was fierce. However, his struggle was successful, and after thirteen years, he was able to establish the Islamic ideology in the form of a state and implement its systems. His achievements, however, go far beyond this. Nine years after the establishment of the Islamic State, the whole of Arabia was under Islam and the Muslim armies were at the boundaries of the Roman and Persian Empires.

At the time of Muhammad (saw)'s death, ten years after establishing the state and only twenty-three years after he began calling the people to Islam, the Islamic ideology was complete. Whereas the other ideologies have evolved over time through the contributions of many thinkers and politicians, Islam has remained in its original form even until today, 1400 years later. However, Islam is still able to address the problems in society in a relevant and practical way. The Islamic ideology with its original sources continues to serve as the basis for solving new problems which occur in the society due to the changing conditions under which humanity lives.

Thus, Islam was not only brought by one man, it was also established by him, it also succeeded in overcoming the two superpowers in the world within thirteen years after its establishment, and it is also still relevant and practical until today without any additions or subtractions from it. These are impossible attributes of man-made ideologies and the history of both Capitalism and Communism attest to this fact. Man-made systems, due to their inherent deficiency, are constantly revised in order to keep them applicable. All of these facts prove without any doubt that Islam must be from someone other than man himself, namely the Creator, Allah (swt), whose existence has already been proven.

These are the evidences that prove conclusively that the Quran is the word of Allah. Arabs as well as non-Arabs can understand them. It is incorrect to claim that only an Arab can have the conclusive belief in the Quran's authenticity due to the detailed evidences presented above. They appeal to the intellect that is common among all human beings, and are sufficient proof against those who deny the truth that the Quran is from Allah (swt).

Establishing the Quran as a miracle has profound implications, mainly that Muhammad is the Messenger of Allah, and that the Quran is a credible source of information, for it is a revelation from the One whose knowledge has no limit. Thus, whatever the Quran informs us of is taken as an absolute proof and becomes part of the creed. This is how the belief in the existence of the angels, the previous Prophets and Messengers, the Day of Judgement, and Heaven and Hell are established.

The Quran also informs us that there will be no more Prophets or Messengers after Muhammad (peace be upon him) and that Islam is the final message for all of mankind. Also, accepting Muhammad (peace be upon him) as a Messenger is to affirm his truthfulness and to follow him in what he ordered us on behalf of Allah, the Creator. The speech of Muhammad (peace be upon him) is known as the 'Sunnah', and the Quran and Sunnah together comprise the wahiy (revelation) which are the only reference in Islam.

Once the Quran is established as a revelation from Allah, it takes precedence over the human mind in the knowledge that it brings forth. Thus, the human mind cannot be used to pass judgement on the text of the revelation. This is because the knowledge of Allah is infinite while the knowledge of the human being is limited and imperfect. Consequently, the text of the revelation, its authenticity having been established rationally, is superior to the intellect.

Islam – A Complete Way of Life

Both the intellect and the revelation (Quran and Sunnah) productively settle the thoughts and ideas regarding the existence of human beings and of the universe. The human being intellectually recognizes that everything in this world, including oneself, is created, and that before this life, there is Allah, the Creator. He becomes convinced that his relationship with Allah is one of dependence on Him for guidance, for a message which provides him with the means by which to worship Allah, to organize his personal life, and to govern the society in which he lives.

His purpose in life becomes the obedience to and worship of his Creator. He realizes, through the knowledge which comes to him by way of revelation, that after the death in this life, he will be resurrected, will stand before Allah on the Day of Judgement, and be called to account for his actions in this life. Thus, he becomes secure in the certainty of his creation, feels tranquillity in the purpose of his life, and looks forward to what is after this life.

These ideas constitute the Islamic creed and are encompassed by the testimony of belief (*shahadah*) which must be uttered for one to enter the fold of Islam:

"I bear witness that there is no deity but Allah, and I bear witness that Muhammad is the Messenger of Allah"

Through conviction in and pronouncement of this simple, yet rich utterance becomes transformed the shallow thinker to an enlightened one, the arrogant to the humble, the defiant to the obedient, and the disbeliever to a believer.

The Islamic system

The Islamic creed (Aqeedah) addresses the very fundamental question about which every human being inquires. The Islamic System, however, organizes the affairs of the human beings, as individuals as well as communities and societies. As a term, the *System* can be understood as " a form of social, economic, or political organization or practice" or "an organized set of doctrines, ideas, or principles, usually intended to explain the arrangement or working of a systematic whole." This System is a basic element of the Islamic Ideology and can only be adopted from the sources of Islamic law, the Quran and Sunnah.

Because the Islamic System addresses the human beings, it is essential to first understand his nature before looking to Islam's approach in dealing with his affairs. By observing the lives of human beings, and studying their needs, the relationships they form, and the attitudes they possess, it becomes possible for us to understand the fundamental aspects of their nature. We see that they perform certain functions essential to their survival, such as eating and drinking, ridding themselves of waste, breathing, and sleeping. These are the basic biological needs that every human being must satisfy. If they go unsatisfied or are indefinitely suppressed, it will lead to death.

In addition, human beings have instinctual behavior that leads them to build relationships, to maintain their survival, and to express their feelings of fear, love, devotion, anger, etc. Amongst the many relationships that we form, one of them is that of sanctification of a specific being or object. This is characteristic of all human beings, spanning the full spectrum of culture and time, and it serves as an evidence that worshipping is an instinctive behavior of the human being. Thus, whether it is money or a cow, an idol or a sports hero, or the Creator, Allah, every human being comes to be devoted to something, making it the center of his or her life.

The complexity of human life extends far beyond just the relationship with the Creator. Much of our effort goes towards earning wealth, exerting our authority, and protecting our lives and property. These and similar actions are the result of an instinct to survive, for it is through these things that we secure our lives physically. The survival instinct is also the source of our feelings of anger, fear, pride, etc. Regarding our sexual desires, maternal and paternal feelings, and emotions such as love and compassion arise from an instinct to preserve the human race.

The human being, having been created with these biological needs and instincts, makes an effort to satisfy them completely through his actions. Since human beings organize themselves into societies, it becomes crucial that they establish an order that ensures satisfaction of every individual's needs and instincts while preserving the integrity of the society as a whole. Throughout history, many people have undertaken this task, and their efforts have led to systems such as Capitalism/Democracy and Communism. All of these man-made ideologies have been failures in that they have never been able to provide for every individual, nor have they produced societies that promote justice, compassion, and the welfare of the people.

Islam, being the revelation from Allah, addressed the human being with a sure knowledge of this nature, and therefore, produced a system able to organize man's life in the correct, productive, and progressive manner. It addresses the individual as a human being with biological needs and instincts which require satisfaction, the Islamic system is the mechanism through which these needs and instincts are satisfied optimally, while maintaining a social order that preserves the dignity and honor of all human beings.

The Islamic system can be understood through its method of organizing the different relationships that human beings form. The relationship that Islam establishes between the human being and the Creator provides the means of satisfying the instinct of worship. Also, Islam organizes the human being's personal affairs, such as the clothes he likes to wear, the foods he eats, and how he maintains his health. In addition, Islam has an economic, political, and social system that organizes the relationships that human beings establish with each in order to live as a society.

By organizing these relationships in accordance with human nature, Islam neither suppresses any of man's needs or instincts nor does it leave them unrestricted. Instead, Islam channels them in the proper direction, ensuring their satisfaction for every individual while protecting the dignity of the society as a whole.

The approach of Islam to man's problems is a preventative one, structuring the society so as to eliminate the possibility of social and moral depravity, economic exploitation, political corruption, and other vices. The Islamic society, however, is not a utopian society where every individual is perfect. Due to the very nature of the human being, it is inevitable that some problems will occur; though they are minimized in their frequency under the Islamic system. In order to deal with these incidents, Islam employs a legal system that serves both as a hindrance to the development of the problem as well as a means of repentance for the one transgressing the limits set by Allah.

Worship in Islam (*Ibadah*)

Worship (Ibadah) is the relationship between the human being and Allah, and it has two aspects. One is the sanctification through specific acts such as prayer, and the other is the adherence to Allah's laws in life's affairs, such as respecting the parents, avoiding riba (usury/interest), and abiding by the dress code. *Ibadah*, understood as the obedience and the sanctification, was the theme of all Messengers sent to mankind, from Adam to Muhammad, though the specific rules revealed to each Prophet and his followers varied.

The actions of the *Ibadah* that are meant to sanctify the Creator are the means by which the human being satisfies the instinct of worship. These actions, however, cannot be based on man's own thinking, for man, on his own, has no knowledge of how the relationship between himself and Allah ought to be built. Thus, the actions of *Ibadah* must all be taken from the Message: Quran and Sunnah, without adding or subtracting anything from it, or demanding a rational justification for them, such as asking what are the benefits of prayer before accepting to pray, etc....

The message of Islam establishes the *Ibadah* on five basic obligations,

- The utterance of the testimony that there is no deity worthy of worship but Allah and that Muhammad is the Messenger of Allah. This is the basis of Islam in its entirety.

- The establishment of the prayer by the individual and the community with all of its rules and prerequisites.

- The payment of *Zakat*, an annual financial obligation paid by Muslims on specific wealth or capital they possess, exceeding a specific limit, to categories explained in the revelation. The details of this are beyond the scope of this book.

- Fasting during the month of *Ramadan*,

- The pilgrimage to *Mecca* (Hajj) once in a lifetime for those with the means to do so.

Through these actions, the human being worships the Creator and makes the earning of His pleasure his supreme goal. He makes Allah his Master and recognizes himself as the slave of Allah, liberating himself from the bondage to anything else. The intention is what transforms these actions from merely rituals to acts of worship and devotion to the Creator. Therefore, the intention must be to sanctify the Creator only, and not for any other purpose. Also, these acts of worship are fixed and not subject to change because they were revealed in the last message to humanity, Islam.

Unlike Christianity and other religions, Islam does not accept the notion that there is a conflict between matter and spirit in the human being. Spirituality in Islam is to make the commands and prohibitions of Allah the basis for one's actions. Thus, earning wealth, getting married, wearing nice clothes, if they are done in accordance with Islamic law, are considered mixing material and spirit and are rewarded. Since there is no conflict between material and spirit, Islam does not create a conflict within the human being by compelling him to neglect the needs and instincts that should be satisfied. Rather, Islam directs the person to satisfy them, not suppress them, in the lawful manner based on the commandments of Allah.

Islam also looks to the human being as having been born free of sin. In fact, he is not accountable until he reaches the age of puberty and is of sound mind. The Islamic perspective directly conflicts with the Christian concept of original sin which looks to man as inherently sinful, carrying the *"sin"* of Adam from generation to generation. From the Islamic viewpoint, every human being is responsible for his or her own actions and no soul will bear the burden of another. Allah is Just, Merciful, and Forgiving, and commands only repentance from his slaves in order to be forgiven, without the need for Jesus, or anyone else, to be offered as a sacrifice for the sins of others.

There is also no Church, as an institution, in Islam. Rather, Muslims have *Masajids*, a place to perform prayers in congregation and discuss the affairs of the nation. There is also no division of people into the classes of clergy and laymen. The relationship between the human being and Allah is direct, devoid of any institutional or individual intermediaries. There are no holy men in Islam, no holy dress, and no holy symbols to wear. The individual is known and respected for his or her knowledge and obedience to Allah.

Islamic scholarship is a right for everyone, man or woman, old or young, and is even an obligation on the community as a whole. Thus, Islam has no conflict between religious and public life, no tolerance for creating a hierarchy of worshippers, and no class or person to act as mediators between the human being and his Master, Allah.

The Islamic concept of worship is simple and easy for the human being. It satisfies his instinct to worship and provides him with direction in the rest of his affairs. It is the kind of worship the world is in need of today.

The political system in Islam

The issue of politics and Islam has been the topic of much controversy in the media and intellectual circles worldwide. This phenomenon is due to the fact that politics, the administrating of the people's affairs, is an integral part of the Islamic ideology. Islam rejects, absolutely, the notion of secularism and man-made laws. A basic precept of the Islamic creed is that the affairs of this life must be based on the commands and prohibitions of Allah, the Creator. Thus, the Islamic political system serves as the mechanism by which Islamic law is applied and the people's affairs are administered properly.

The Ruling structure is an integral part of the political system, and it is based on four principles.

1) The sovereignty, or the authority to legislate, belongs solely to the Creator, Allah. By this, Islam negates the idea of democracy and the role of legislative assemblies. Rather, it relies on the revealed texts, the *Quran* and the *Sunnah*, to extract solutions to the problems facing the society.

2) The authority to rule is given to the ummah (people) and invested in it. Thus, the Muslims are responsible for ensuring that their affairs are administered in accordance with Islam, and it is their right to appoint the Head of State, *Khalif*, to rule on their behalf.

Both Muslim men and women share in this right as well as in the right to form political parties based on Islam. The function of these political parties is to hold the government accountable based on Islam. This distinguishes Islam from a theocracy in which the ruler is the shadow of God and rules on his behalf. Thus, the Islamic State is not a theocratic state; rather, it is an ideological state based on Islam. In addition, the Muslims elect representatives who also hold the ruler accountable to Islamic law, counsel him in some matters, and voice the grievances of the people towards him. This is known as the Consultative Assembly or *Majlis al Shura*.

3) The Muslims may have only one Khalif. All Muslims constitute one nation, and the Islamic Political system unifies them by appointing one ruler to look after their affairs. The *Khalif*, however, appoints governors, judges, assistants, and an administrative staff to help him in the execution of the state's affairs.

4) The *Khalif* has the right to adopt the rules derived from the revealed texts, and enact them in the society. His adoption regarding the public affairs is binding on all citizens, as long as it has evidence from *Quran* and *Sunnah*.

On these four principles, the rest of the Ruling structure is built, and the affairs of the Islamic State are executed properly. It is a unique system, the only one which did not establish the sovereignty to any human being, whether it be the King, Emperor, or the masses. The Islamic State also cannot be called a theocratic State because it has no clergy for whom the sovereignty is reserved, nor a ruler who claims to rule by the so called the divine right.

The Islamic Political system ensures the application of all the Islamic laws, its social system, economic system, punishments, etc. Crucial to the successful application of Islam is that all the Islamic systems must be applied simultaneously, for they are all intertwined as threads in a fabric to produce a correct, powerful, and comprehensive way of life.

The current regimes in the Muslim World, however, fail to meet the criteria for the Islamic State, employing the Capitalist or Socialist economic systems, seizing the authority from the people by force, and adopting rules in clear contradiction to Islamic law. This has been the case since the mid 1800's with the occupation of some Muslims lands, the destruction of the Islamic

State in 1924, and the introduction of corrupted Western thoughts into the mind-set of the Muslims. Therefore, Islamic groups have arisen to once again make Islam the only ideology applied in Muslim lands, to unite them, and to carry its ideas to the rest of humanity.

Islamic social system

The social system in Islam is geared towards the preservation of the human race and the protection of the society. Since the human race consists of men and women, Islam addressed both with its doctrine as well as its laws. It defined the relationship between them, established their rights and their responsibilities and promised each one the reward of paradise for submitting to their Creator.

Islam recognized the importance of the family, and it established rules with the aim of protecting it. The family is built through the legal contract of marriage between a man and a woman. This definition of the family is fixed, rejecting the ideas of 'same-sex marriages' or 'shared partners' that are becoming prevalent in the Western societies. Islam recognized the sexual instinct in both sexes and directed them to satisfy it through marriage and forbade any sexual activity outside of it. In addition, Islam set many guidelines for the relationship between men and women in order to prevent adultery and fornication. Islam established a dress code for men and women, which preserves their dignity and their honor. Women are not looked upon as sex objects nor are they dealt with on the basis of their looks, but rather based on their personality and their consciousness of their Creator, Allah.

Looking to the West, however, we see that the woman's value is related to her sexual appeal. In fact, this appeal of the woman is a major source of money for many businesses, and even the government that collects tax on legalized brothels in Las Vegas. Women, in order to pay for school or support their families are sometimes pushed to work in clubs dancing naked in front of men. They are even told that this is not something to be ashamed of, but rather it represents the fact that they are free from the shackles of the old way of thinking about the woman and her sexuality. However, woman ended up with new shackles that use her as a marketing tool. One such example is "ladies night" at clubs and bars, when women are given free admission for no reason other than to bring more male customers. In addition, the entire entertainment and advertising industry is built on the exploitation of women as sex objects. All of these things have created a hostile atmosphere for women in every aspect of their life. At the job, in the armed forces, and in the streets, they are faced with sexual harassment constantly. If they refuse to fit into the role given to them as sex objects they are considered as odd or as backwards.

Islam protected women from being the subject of exploitation by viewing her as an honor that has to be protected. She is not a money making machine, a marketing tool, a entertainment for soldiers overseas, nor a sex object. Rather, her primary duty is to be a mother. To guarantee this, Islam set specific rules for the interaction between men and women in the society.

To build the right social structure in the society, Islam forbade free mixing between men and women. On the other hand, Islam allowed limited mixing in specific situations and between specific relatives within the family. In addition, Islam allowed mixing in the public life within specific rules of dress and conduct as long as it does not compromise the honor and dignity of the woman or the morals in the society.

In order to protect the family further, Islam also forbade all forms of homosexuality. It forbade lewd behavior in public and industries that promote this behavior such as pornography and certain types of entertainment programs. Thus, Islam not only establishes the ultimate prohibition, the fornication or adultery, but also puts many obstacles in order to make it difficult for the people to violate the limits of the Creator, Allah.

In the West, however, we see that there is an increasing problem with the breakdown of the family, the sexual and domestic violence resulting from it and the general decay in morals amongst the younger generations. These problems occur because the capitalist system allows, and even promotes, the existence of industries that lead to the breakdown of the family because these industries bring profit and revenue. This is clear from the legalization of brothels in cities such as Las Vegas, the gigantic entertainment industry that exploits the sexual drive to make money, and the hostile reaction of the people to any attempts to regulate the large pornography industry. All of these aspects of Western civilization work against the family, undermining its sanctity, and promoting its destruction. The Western societies have reached to a point where even the definition of the family is being challenged and reshaped. Originally, a family was considered to begin with a husband and wife through the institution of marriage. Then, it came to be any man and woman living together as partners, with or without a marriage contract. Now, the family has come to mean any two persons, male or female, living as "domestic" partners. Who knows, perhaps one day, the family will be only one person and his or her clone.

Additionally, children from their earliest years in school are being taught to accept homosexuality as an acceptable alternate way of life. Even infidelity is being promoted as a genetic trait rather than an immoral act. When this is the culture that the next generation in this society will carry from its beginning, what hope is there that the social fabric of the society will not deteriorate any further? Thus, Islam, in contrast to Capitalism, not only aims to protect the family and subsequently the society, it also provides a practical method for ensuring its protection. Islam also views the rights and responsibilities of men and women in a unique manner. Islam treated men and women first as human beings, guaranteeing each one certain basic rights such as the preservation of their belief, their life, their mind, their wealth, and their honor. In addition to this, Islam recognized the obvious physical difference between men and women.

Based on this difference and the knowledge of Allah regarding the nature of men and women, Islam gave distinct roles to men and women in the society. Islam gave the man the right to have the authority in the family and also gave him the responsibility to take care of the family, spend on them, and protect their honor. Islam gave the women the right to demand from her husband to provide for her needs, and child custody in the event of a divorce, and gave her the responsibilities of raising the children and protecting the honor of the home in the husband's absence. In addition, Islam gave the woman the right to earn her own wealth and protected it from anyone by forbidding even the husband the access to it except by her permission. Islam divided some duties between men and women, prohibited them both from certain other actions, and gave both equal access to other things such as education.

In the Western world, there is a great deal of confusion about the role of men and women. Due to the oppression that arose when man-made systems assigned gender roles that were unjust to women, there has been a backlash against the concept of gender difference. It has become politically incorrect to discuss the difference between men and women and to adopt certain ideas based on this difference. This is a natural reaction to the injustice of man-made systems; however, the reaction of the feminists and other groups working to breakdown the gender barrier have not produced anything but more confusion and an even further breakdown of the family structure. They only managed to create a hostile atmosphere in which men and women are rivals for each other competing for limited resources. The result of this will be that the next generation will have no concept of a family, they will not respect it, nor establish it amongst themselves, and the consequence will be the complete degeneration of the basic unit that maintains the dignity of the human race.

Regarding the status of men and women in front of Allah, the Creator, Allah (swt) says, *"For Muslim men and women for believing men and women for devout men and women for true men and women for men and women who are patient and constant for men and women who humble themselves for men and women who give in charity for men and women who fast (and deny themselves) for men and women who guard their chastity and for men and women who engage much in Allah's praise for them has Allah prepared forgiveness and great reward".* (TMQ 33: 35)

Thus, there is no distinction between men and women as to the reward that they would receive from Allah. Each one has his or her responsibilities and will be judged based on the fulfillment or negligence of those responsibilities. Islam rejects the notion from Christianity that it was a woman through whom Adam sinned, or that woman is the source of evil in the world. Rather, Islam looked to the woman as an honor that needs to be protected and respected. Islam asked both man and woman to obey the Creator, and promised them both the reward of eternal life for believing in and acting on the commandments of Islam.

The Economic system in Islam

The Islamic ideology distinguishes between two aspects of economics, the economic science and the economic system. The economic science deals with the means by which to produce goods, such as manufacturing techniques, increasing the gross national product, and the development of new resources. In general, Islam does not interfere in the technical production of goods, nor does it view production as the source of the economic problem in the society.

The economic system, however, deals with the satisfaction of the basic needs of every individual in the society, and it stems solely from the Islamic thought. The Islamic economic system deals with the following:

1) The types of means of ownership

2) The disposal of ownership, and

3) The distribution of wealth amongst the individuals.

The policy of the economic system provides balance and opportunities in the society. Islam regulates the economic affairs in such a way as to secure the satisfaction of all the basic needs for the individual and the society completely and to enable each individual to satisfy his luxurious needs as much as possible. The basic needs of the individual are those which protect his life and dignity, such as food, clothing, and shelter. The basic needs for the society as a whole are security, education, and health care. Anything beyond these basic needs is considered a luxury and the human being is free to pursue them within the confines of Islamic law. In addition, Islam didn't interfere in the technical aspect of production, and gave the human being the permission to be as creative as possible.

Regarding the ownership of wealth and property, Islam regulated the means by which to obtain the wealth in a manner that allows the individual to satisfy his needs while still preserving the sanctity of the society. Thus, Islam prohibited prostitution, the sale of alcohol, and dealing in usury as a means of earning wealth because they lead either to degenerate social behavior or economic injustice. Islam encourages competition and provides true opportunities by preventing the establishment of monopolies and other forms of economic exploitation.

Moreover, the system left open numerous other avenues such as trade of merchandise, service oriented professions such as doctors, carpenters, teachers, etc., and manufacturing of goods. Islam obligated every able person to satisfy his needs as well as those for whom he is responsible, such as his children, parents, and other dependents, through any one of these means.

For those who are unable to meet their needs, the Islamic State provides for them from its own wealth as well as the Zakat paid by its citizens. Therefore, Islam secures the rights and the honor of every individual in the society and does not consider the economic problem to be solved as long as there is even one individual whose basic needs are not met.

The disposal of ownership is another key element of the economic system. Islam encouraged the giving of charity, gifts, interest free loans, and the like. It also prohibited the hoarding of money and spending it in the pursuit of unlawful things. It also gave general guidelines for the contracts by which goods are exchanged and made them suitable for all times and all situations. This allows the citizens in the Islamic State, male or female, to seek their provision in an unhindered way and satisfy their needs without the concern of exploitation and corruption arising from their actions.

The distribution of wealth in the society is a critical factor in determining the availability of resources for people to satisfy their needs. Thus, Islam designated the ownership as one of three types, public, private, or state.

Public ownership means that the wealth is owned by the citizens, Muslim and non-Muslim, of the State. This includes the basic utilities without which the life of the community cannot be sustained. In one hadith, the Prophet (saws) mentioned that "People share in three things: water, pastures, and fire." The details of this ownership are beyond the scope of this book; however, they are well documented in the Islamic legal texts. The public ownership also includes things that by their nature cannot be individually owned, such as the rivers, seas, streets, the town squares, and the like. Besides these, Natural resources such as oil, minerals, and metals are also publicly owned. The public ownership is administered by the State on behalf of the public. The State utilizes the revenue from these items for running and providing the public with utilities such as water and gas, and facilities such as parks, highways, and the like.

Private ownership is that which the individual earns through his own efforts or receives as a gift, charity, inheritance, or any other means. It includes one's home, car, appliances, money, real estate, businesses, and the like. The individual is free to deal with them as he pleases, within Islamic law. Private property may belong to men, women, or children, all with the same rights over it.

State ownership is that which belongs to the state and is necessary for the execution of its duties. This includes the military, the buildings that it occupies as its offices, and the heavy industry that it constructs to build the infrastructure of the society. In addition to the ownership, Islam also defined the revenues and the expenditures of the state, such as the nature of the taxes and the channels of distribution for the wealth.

These kinds of ownership are defined by Islam and cannot be altered. Thus, public property cannot become state or private property, private property cannot be confiscated by the state as public property, and so on. Islam thus insures that the rights of all individuals are protected and the society as a whole is conducive to earning ones provisions and living in security.

Islam – A Complete Way of Life | 53

With this approach to the economic problem in the society, Islam clearly distinguishes itself from the man-made ideologies of Communism and Capitalism. Both of these ideologies failed to distinguish between the basic and luxurious needs of the people. Communism attempted to satisfy them equally for all people, suppressing their right to private property, ignoring the differences in the luxurious needs of the people, in the level of satisfaction for each individual, and in their capabilities. In addition, by denying private ownership, Communism ignored the human beings instinctual drive to own property.

The Capitalist economic philosophy focuses solely on the material needs of the human being, ignoring completely the spiritual, moral, and human aspects of life. Thus it has produced a society built solely on consumerism, devoid of any spiritual or moral strength as has been recognized by some of its leading statesman. Also, though Capitalism emphasized individualism, it ignored the individual completely when measuring economic progress, looking only to increase the total amount of wealth in the society. Thus, Capitalist nations report prosperity based on an increase in the Gross National Product (GNP), though poverty may have increased. Capitalism also viewed the economic problem as one of scarcity of resources, for it viewed the basic needs of one individual to have no priority over the luxurious needs of another. Its solution to the problem of scarcity is simply to produce more goods. They leave the distribution of goods solely to the mechanism of the price. Therefore, the one who cannot meet the price will have his needs unsatisfied, even if they are as basic as the needs for food and shelter. The ability to meet the price is based on the wage that the worker earns. However, the Capitalist system requires that some of its labor force be unemployed.

"First, it's the explicit policy of the Federal Reserve Board to keep 6% of our work force unemployed. Our economy must maintain this level of joblessness, the Fed insists, lest inflation rear its head and bondholders lose value. If too many Americans are employed, the Fed will raise interest rates to throw people out of work... Capitalism as we know it

requires roughly one-tenth of its potential workers to be jobless for the sake of price stability.

Secondly, there's a need for dead-end, low paying, often part-time jobs - jobs no one can support a family on. Yet whenever anyone suggests raising the minimum wage, the outcry is that it will cause a loss of these jobs. Thus the choice for millions is poverty wages or no wages at all, meaning Capitalism as we know it requires another sizable portion of our workers to live at a bare subsistence level and their children to grow up with inadequate nutrition, health care, and physical safety.

Third, there's the simple demographic reality that, in any sample group of people, a certain number will be too old, too sick or too distraught to perform paid work. And last, there are such recent trends as the entry of women into the labor pool, the export of manufacturing jobs, corporate downsizing in response to global competition and the frenzy to shrink the public sector. (Los Angeles Times: March 13, 1995)

Thus, some workers would not make any wages or would make too little in wages to meet their needs as well as those of their family. In order to remedy this critical situation, the West had adopted some aspects of socialist economics such as the welfare system. However, this is a largely inept and exploited system which does not look to meet the needs of the people, but rather, exists only to give the illusion that the state is working to look after the people's needs. If the western nations were really interested in looking after the needs of all their people, they would rethink the very basis of the Capitalist economic system that leads a large number of the population to poverty.

Thus, one finds numerous people in the Capitalist countries without food, clothing, shelter, while others own multiple homes, have millions of dollars of assets, and feed their pets gourmet meals. Under the Islamic economic system, which was put in to practice for centuries, all citizens of the Islamic state, Muslim and non-Muslim, found their dignity, honor, and lives secured, and those who wished to pursue their luxurious needs found no hindrance in doing so.

With the invasion of the Capitalist economic system into the Muslim lands near the end of the nineteenth century, and the defeat of the Islamic state, the economic situation of the Muslim world began to decline to its present situation. Thus, the return of the implementation of the Islamic Economic system, as a part of the total Islamic system is the only means by which the current economic crisis can be solved.

The individual and the society

The human being, by his nature, is a social creature. This nature drives him to live as a member of society, in which he interacts with others to satisfy his needs and instincts. No person can manage to satisfy his needs on his own; rather, he requires specific relationships with other human beings in order to satisfy them. The nature of these relationships is determined by the system which is implemented in the society. However, every system, in order to produce a progressive society, has to balance between the needs of the individual and the needs of the society. If the individual's needs are ignored, then he will live in misery. Also, if the society's needs are ignored, then the society will not function properly as the environment in which the individual's strive to satisfy their needs.

Islam is the only ideology that provides a system with the true balance between the individual and the community. Islam did not view the society as simply a grouping of individuals, with no relationship or dependence between them; nor did it view the society as a monolith in which the individual would be crushed, having no value. Rather, Islam considered the society as a unit composed of individuals living within a specific social order, linked to each other through specific thoughts and ideas, emotions and sentiments. These thoughts and ideas will shape the culture, the values, and the behavior of the people, and from them will be derived the order that the society is bound by.

The responsibility of the individual extends towards himself and his family as well as towards the nation as a whole. Similarly, the responsibility of the entire nation as a unit extends to each individual in the society and to humanity at large. The Prophet (saws) said, "Each one of you is a caretaker and is responsible for those who are under his (or her) trust." This hadith establishes the individual's responsibility towards himself and his dependents. As for the responsibility of the individual towards maintaining the order of the society, the Prophet (saws) said, "The example of those who maintain Allah's limits and those who violate them is like the example of those who share a boat. Some occupy the lower deck while others occupy the upper deck. To have an access to the water, those from the lower deck would have to go to the upper deck. So as not to be an inconvenience to their shipmates, (the people in the lower deck) thought to get the water by drilling a hole in their compartment. If those on the upper deck allowed this to happen, all of them will sink. If they prevented them from doing so, all would be saved." This hadith instills in every member of the society the obligation of looking after the well being of the society without overlooking his own well being. If this did not happen, the society will either tend towards chaos or will have some individuals whose needs would be left unsatisfied. Had the people of the upper deck decided to withhold the water from the others under the pretext of maintaining their private property, then the others will be deprived of their needs, or they will sink the entire boat by adopting another means to get it. This outlook to the relationship between the individual and the community leads to a mutual effort by the individuals to provide for themselves and each other, rather than the fierce strife which results from looking only to one's needs even if it is at the expense of the others.

Other ideologies also addressed the role of the individual in the society, however, the ailed to provide the progressive view which Islam established. Communism completely abolished any value which the individual may have had and replaced it with the idea of the communal good. This idea contradicts man's nature because one of the reasons man engages himself in the societal function is to satisfy his individual needs. If these are denied to him, then he will not be productive in providing for himself or for the others. This is one of the reasons for the clear failure of Communism which the world has witnessed.

Capitalism looked to the individual as the most important element in the society. It established individualism as the ideal, neglecting the impact that the individual by himself will have on the society as a whole. Thus, each citizen in the society looks to the things which will bring him or her benefit. The value of any idea is established based on the impact of that idea on the individual himself, irrespective of the impact on others. This view to the individual has made the capitalist societies the breeding grounds for selfishness, greed, and an unparalleled animosity among the people. The concepts of sacrifice and sharing are rare, appearing mostly when there is a tax break or a publicity opportunity to be found therein. The ideology with such an outlook cannot be taken as the basis for building a human society.

Islam and freedom

Freedom is something that every human being strives for, yet few understand its reality. It has been an elusive dream for most of humanity. Western culture and democracy was built on its promise, only to fail in its vision. Islam is the only ideology that presented the concept of freedom to the people in its true form and established the means by which to achieve it. A comparison of the western democratic culture's concept of freedom vs. that of the Islamic ideology will provide a clearer understanding for this issue.

As an idea, Freedom can be understood to have two meanings: firstly, as the liberation from slavery due to the sovereignty of some human beings over others; and secondly, to live the life without restrictions from any source. During the Middle ages, Western Democracy emerged from the political climate of Europe with the idea of freedom as its cornerstone. It sought to free people from slavery to the King and from the persecution of the Church. The Kings of Europe used to claim themselves as sovereign over their subjects, alleging that they rule by the divine right which was sanctioned by the Church. In turn, the Church controlled the thinking of the people, prohibiting free thought, the right to expound opinions contradictory to that of the Church, or to adopt any belief other than its own dogma. As a reaction to this, thinkers such as John Locke, Jacques Rossaeau, John Stuart Mill, and others started calling for concepts such as the natural freedom, which was the freedom from the sovereignty of the king. They also called for freedom from the Church's control in life's affairs claiming that human beings should have their freedoms, such as the freedom of speech, assembly, religion, ownership, etc. This struggle occurred in Europe; however, in the New World, a similar struggle to break away from the sovereignty of the King of Britain began in the 18th century. This ideological uprising in Europe and in the Americas eventually led to the French and American Revolutions and the establishment of nation-states on the principles of democracy and freedom.

However, the vision of freedom that was put forth by the early thinkers of the renaissance proved to be impractical. The sovereignty of the King was removed only to establish the sovereignty of a few individuals, such as the capitalists, legislators, and the like. People, as a whole, never had the sovereignty for themselves; although this is what was promised to them, and it is what they fought for. Additionally, in order to manipulate the masses into thinking that they are the real sovereigns, the concept of the popular vote, and representation is used. In reality, neither the vote nor the representatives demonstrate the true will of the people. This is because the voters are given a choice from that which is already decided by the establishment, and the representatives are elected from a select few, all of whom would never even be able to campaign without the support of the capitalists. A careful study of the political system also demonstrates that it is the will of the interest groups, which dominates the agenda of the entire government.

Thus, it is very clear that the sovereignty in the "democratic" states does not lie with the people; rather, it lies with the rich and powerful who make up the establishment. Establishing the sovereignty for any human being, whether it is the king or the parliament or the congress, is by definition an acknowledgment that some people have the right and the privilege to be the sovereign, while others have the obligation to be their subjects. This is what today should be called neo-slavery, i.e. the "democratic" slavery. It is far worse than the slavery on the plantations, the scars of which are still carried by many. It allows the people to think they are free, that they are no longer the subjects of any sovereign, though the reality is otherwise. They are slaves to the capitalists, they carry the opinions that they broadcast, buy the products that they promote, support the causes they fund, and imitate the role models the media builds for them.

With regards to the personal freedom and liberty, it is expounded by the West as its crowning achievement. The personal liberties that it granted to its citizens attempted to satisfy the desire of the people to live their life according to their own will. The oppression of the Church during the Middle Ages was the strongest factor behind this call to freedom. Thus, when the capitalists came to rule the society, they lifted the restrictions on speech, thinking, privacy, etc. that the church had imposed. This has led the people to feel that they managed to achieve the personal liberation they hoped for. This type of freedom is promoted to such a degree in the society, that the people no longer think about the issue of sovereignty, believing that this personal liberty is the only true form of freedom. However, this type of liberty is impractical for a functional society because it would mean that there would be no laws to govern the society. Realizing this, the Western thinkers introduced concepts such as the "Social Contract", which argued that people must give up a share of their freedom in order to live in organized society. Thus, the concept of freedom of speech was amended to exclude many things, such as what happened in the era of McCarthyism. Freedom of assembly and press came to be restricted by numerous regulations in the name of protecting the society. Even freedom of religion was restricted to protect the concept of secularism. Freedom of ownership was restricted by regulations of trade, such as import/export regulations and the laws of taxation. Thus, once again, the people, in their affairs, came to be bound by the restrictions set by the ruling body, which in this case happened to be the capitalists rather than the Church or the King.

In the Western society, even what appears to be freedom of choice is in reality a reflection of the marketing power of companies. People wear what they are told is "cool" to wear. Women wear mini-skirts because they have to wear them in order to be appreciated as a woman. Kids buy Nike shoes and drink Gatorade because Michael Jordan does so, and they are told, "Be like Michael". Those who control the educational system and the media shape all of the society's concepts: what is valuable or meaningless, legitimate or unsuitable, pretty or ugly, decent or indecent. If anyone does manage to think beyond the paradigm imposed on him, then he or she becomes an outcast, an extremist, or a loser in the public eye. This is the true nature of the freedom that the West professes to. It is in fact slavery of the mind.

Islam deals with the issue of freedom in a radically different way than any other ideology. It did not call the people to the misleading idea of popular sovereignty, nor did it make false promises to allow people to live uninhibited by the laws that form a society. Instead, Islam established the freedom of the human being on the Sovereignty of Allah, the Creator. Allah alone has the right to govern the life of the human being. He is the one who created all human beings, and He is the one they will be accountable to. Establishing Allah as the Sovereign liberates the human being from being governed by the whims and desires of any other human being. Islam recognized that one is in fact a slave to the one he accepts as his Sovereign. So either one believes in Allah as the Sovereign, and is his slave, or he submits to the false sovereignty of other human beings, becoming their slave. That is why when one of the Muslim delegates to Persia was asked about his objective in coming to Persia, He replied, "Allah sent us to liberate [mankind] from the submission to other human beings to the submission to the Lord of the human beings...and from the oppression of religions to the justice of Islam". Thus, Islam provided the human being with the true sense of freedom, the freedom which comes by knowing that one is the subject of his Creator, not of the creation.

After establishing the sovereignty of Allah, Islam set up the correct system to govern the society. The system is an integral part of any society; without it, people would live in anarchy. However, if one believes in a specific ideology, then the restrictions that that ideology places are not viewed as a burden, but rather as a necessity. As for the nature of the Islamic system, it looks after the individual and the entire society without sacrificing one or the other. The one who follows the rules of this system is in fact, following the revelation from the Creator, not any other human being. Since the revelation is the only source for laws in Islam, it freed the human being from being bound by the restriction which human beings have imposed on each other throughout history. Thus, the ones who have wealth and power will not decide whether we have the right to sell something or not. They will not decide what we are allowed to wear or not. They will not control the laws by which we conduct are public and private lives. Rather, they too will be bound by the same system, the system sent to humanity from the Creator.

Besides these fundamental differences between the Islamic and Western perspectives on freedom, the approach that these ideologies took in presenting the concept of freedom to the people differs greatly. The Western ideology started by calling for the popular sovereignty and personal freedom, then mended their philosophy to justify the restriction they had to put. However, they maintain their erroneous call for freedom, giving false hope to the people by it, and keeping them preoccupied in its pursuit. The Islamic ideology, on the other hand, addresses the people clearly, never giving the false impression that the human being is completely free, that he is sovereign over himself. It provides a view of freedom that preserves the dignity of the individual and the society. It is the only way by which human beings will be liberated from the sovereignty of other men and the only means by which they can conduct their affairs for their well being rather than the benefit of their false masters. Its call, rather than the deceptive call of the western concept of freedom, is what humanity needs to hearken to. It is the true freedom.

Islam and racism

Islam is a Message for all humanity. It addresses all people, irrespective of color. Islam did not come for one race, tribe, or nation, or a particular people living at any particular time or place. Consequently, as Islam spread from Arabia to the other parts of the world, from China to Spain, it managed to melt the differences between people that existed before Islam. It brought people from all different backgrounds together as one nation. It created the brotherhood between the people in such a way, that in all aspects of life, from the worship to the marriage to the political activities, Muslims managed to cross the racist boundaries that the previous world order had established.

The means by which Islam lifted the oppressive hand of racism from the society is by addressing the issue through its doctrine as well as its legal texts. In regards to the Islamic Aqeedah (doctrine), the Creator is the Absolute Sovereign. Therefore, all human beings are bound by the standard revealed by the Creator, without any distinction made between them. This leads the one who adopts the Islamic Aqeedah to abandon his tendencies to establish himself, his race, or his nation as the sovereign over others. In addition to this, the Islamic legal texts never distinguished between the human beings on the basis of race or nationality. Protection of one's life, property, honor, etc. are extended to all citizens of the Islamic State, Muslim or non-Muslim. Thus, the judicial system, since it never introduced the issue of race into its legal proceedings, prevents the emergence of institutionalized racism in the society. Islam is the first ideology to bring people from all different races together as equals under one nation. In fact, to this day, Islam is the only ideology that has accomplished such a feat. It is only recently with the cultural colonization of the Muslim world by the West that Muslims have started to develop racist and nationalistic tendencies.

The Western culture, on the other hand, has carried the concept of racism from its earliest history, such as at the time of the Greeks and Romans. When the West adopted the Capitalist ideology, it did not manage to eliminate this idea from the minds of its adherents. Rather, the Capitalist economic culture fueled the idea of racism by allowing it to be used as an excuse to exploit the labor of the foreigners, i.e. the plight of Africans in the Americas. Thus, it is not surprising that Racism is still rampant in the West, especially in the most capitalistic societies such as America and Britain. Even Thurgood Marshall, who managed to be appointed as Supreme Court Justice in America, was discriminated against and not accepted by the elite. His own testimony that "Clubs here in this town [Washington D.C.], they invite everybody else but me" (New York Times, 1/27/93), is a clear example of the deep roots of racism in the West.

In addition to the racist tendencies in the thinking of the West, Racism is also institutionalized in the West. The American Constitution established the legal basis of racism by its three-fifths clause, which considered colored people as 3/5 of a human being. Though this text was later amended, it established racism as a precedent in the American institution. Even after years of struggle, bloodshed, Civil Rights demonstrations and marches, assassinations, and racism task forces, the American society is still plagued by racism. Even when a black candidate, like Jesse Jackson, runs for the presidential election, we find that it happened only because the elite, Richard Nixon and his party, funded his campaign in order to split the black vote in favor of the Republicans.

The Rodney King and O.J. Simpson trials are recent examples of how well established racism is in the society. The most important issue in both of these cases become race, and the mistrust that exists between whites and blacks clearly came to the forefront.

The epidemic of racism that the West is facing clearly stems from its ideology and its institutions. Racism is not inherent in the nature of the human being rather it is cultivated in the individual's personality by the culture he carries. Thus, to free ourselves from racism we have to re-evaluate the culture and the ideology that we carry. Islam is the only ideology that has addressed this issue in such a way that it builds personalities that melt the differences between people rather than construct barriers. It is the only alternative left for us.

Islam and jihad

The Islamic ideology has thus far been shown to be an ideology revealed by Allah, the Creator. It offers the only correct, comprehensive, and viable way of life for the human being, providing him with a sound purpose, a clear vision, and a stable life. It manifests itself in the personalities of its followers and in the form of a system implemented by a State. It is a universal ideology meant to liberate all of mankind. Consequently, one cannot accept for this ideology to be confined to a specific people or land; rather, it has to be offered to all of mankind. In order to deliver this ideology to the rest of the humanity, the State that adopts this ideology shoulders the responsibility of carrying it to new lands. As would be expected, this goal will lead to a conflict with other states and their ideologies. This conflict has to be resolved either through diplomacy or through force.

Every ideology utilizes these alternatives. All leading nations use diplomacy and force. George Bush, in his remarks to West Point cadets said, "At times, real leadership requires a willingness to use military force. And force can be a useful backdrop to diplomacy, a complement to it - or, if need be, a temporary alternative." During the Gulf crisis, Collin Powell said, "If the Unites Sates wants to propagate its values, freedom, and influence in the international affair, then in the future, war is inevitable." Also, President Clinton, in his first inaugural address, commented on the need for diplomacy and force, in order to maintain the interest of the United States. These statements indicate that it is well understood by all ideological states that diplomacy and force are really two faces of the same coin. If an issue is not resolved by one, it will be resolved by the other.

Given this reality of the international relations, Islam adopted Jihad as its method of carrying its authority, justice, and ideals to the other lands. Recently, however, due to a general lack of knowledge among Muslims and the Western propaganda against Islam, both Muslims and non-Muslims have misunderstood the concept of Jihad To the non-Muslims, Jihad is presented as the diabolical call of "blood-thirsty people" to convert others to Islam by 'the sword'. To Muslims, on the other hand, it has been promoted as a self-help concept whose aim is to make one a model citizen in whatever society he finds himself in. Neither of these ideas represents the reality of Jihad.

Jihad, as a term, cannot be translated as 'holy war', nor can it be translated, as a term, to the word 'struggle'. At best, its legal meaning can be understood as "using the military force, where diplomacy fails, to remove the obstacles the Islamic State faces in carrying its ideology to mankind". The aim of Jihad, unlike the Crusades, past and present, is not to forcibly convert the inhabitants of other lands to Islam. Rather, it is to provide them with the security that comes from the application of Islam, leaving them the choice of adopting Islam or keeping their own religions.

The affairs of the society however are run according to Islamic law. History confirms that this is and always has been the role of Jihad, for it was in Muslim Spain that the Muslims, Christians, and Jews were able to live peacefully under Islamic authority. It was Islam's justice that allowed non-Muslims in the Islamic State to flourish as artisans, writers, and thinkers.

Islam neither colonized other lands; nor did it enslave the people of the newly opened lands, using them as cheap blood in the battlefields as was the practice of the Kings and Emperors of European nations till recently. The Islamic State annexed all conquered lands to the body of the State, looking after their affairs with the same priority as that of its capital. Contrast this with the imperialist policies of England, France, Germany and America which raped the lands which they conquered. Even the capital of the Islamic State moved out of Arabia to the newly liberated lands, such as Damascus, Baghdad and Istanbul. None of these were traditional Arab lands, they being Roman, Persian, and European cities. Can one imagine that France would move its capital to Senegal or the King of Britain would take up residence in Nairobi. This stands as a clear proof that Jihad is not the tool of an imperialist foreign policy.

In summary, Jihad is the method adopted by Islam to protect its lands and save humanity from the slavery to man-made regimes. The difference between the use of force by the West and that by Islam is that the Capitalist West uses force overtly and covertly for the benefit of a few, such as the corporations, while Islam uses force openly and justly to carry its mercy to others.

Islam today

Today, Islam has become the prominent issue in the world arena. In the Muslim world, many Islamic movements are calling for the re-establishment of the Islamic State and its ideology. There are over one billion Muslims in the world, the majority of them living in lands that were once ruled by Islam.

Since the destruction of the Islamic State in 1924, Muslims have been subjugated by their rulers to all types of foreign, unenlightened ideas. Today, an increasing number of Muslims are rejecting these ideas for their falsehood and returning to the Islamic ideology as the focus of their lives. The non-Islamic ideologies have failed in the Muslim World and in the West, and the resurgence of Islam is seen as a savior and a great hope for the Muslims as well as the rest of humanity.

Muslims are also realizing that the Islamic political resurgence must be aimed primarily at the imperative goal of establishing the Islamic State, the Khilafah. This new movement towards the resurgence of Islam has had, and will continue to have, a significant impact on the world order. The Western politicians and the elite capitalists view Islam as a threat, fearing its potential to eliminate their power and wealth and to destroy the oppression and injustice that they impose upon the people to further their personal agendas. Therefore, they have worked tirelessly to counteract the efforts of Muslims through their subversive tactics in the Muslims lands and propaganda in the Western world.

The Western people, however, must look beyond the stereotypes and lies promoted about Islam and Muslims. Engulfed in a sea of problems, lacking a definite purpose in life, and plagued with contradictory ideas, the masses can no longer afford to turn a blind eye towards Islam; nor can they afford to passively allow the system and elite who control them to exploit them as pawns in their political and economic games

Epilogue

The failure of Communism has been well observed. The failure of Capitalism is evident despite the material capability and resources which the West possesses. It is true that the Western Civilization succeeded in having man walk secured on the moon; however, it failed to have man walk secured in the streets of its own capitals, as was observed by Richard Nixon.

The impact of this failure goes beyond the boundaries of these nations, engulfing the entire humanity in its misery. This has been demonstrated by the two World Wars which were products of the Western philosophies of Fascism, Capitalism, and Communism costing humanity tens of millions of lives. In addition, the "national interests" of the Western nations have given rise to numerous, bloody conflicts in this century. A careful study of these conflicts shows that they are created by those who shape and control the world order. They fuel these conflicts with money, weapons, and antagonism to further their own interests, of course at the expense of humanity.

This is not just the failure of Capitalism, it is the failure of an idea which we were told is the last best hope of humanity on Earth. Clearly there must be another hope, for the fruits of Capitalism cannot be the destiny of humanity. The hope which we need will be found in that ideology which confers on its carriers the feeling of responsibility towards himself as well as the others. There can be no hope in an ideology which preaches individualism as the ideal. Such an ideology produced, in our history, phenomenon such as racism, domestic strife, family breakdown, greediness, selfishness, and social classes within the society and colonialism and imperialism abroad.

The ideology which creates in the human being's personality the sense of accountability for his actions, responsibility towards others, and the willingness to sacrifice for them is where our hope lies. There is only one ideology which provides such thinking while at the same time, bringing the solutions to man's problems. Only one ideology that leads to a society that will be the beacon for the rest of humanity.

The world thrived under its authority for more than twelve hundred years. Presently, this ideology is needed to reconstruct the thinking of the people, their convictions, their values, their attitudes, and their outlook on life. It is needed to remove the disease and fallacy of the Western concept of freedom, liberate humanity from the slavery to man-made ideas, and establish the justice that can come only through the adoption of the system provided by the Creator.

It is needed to address the problems of the world in order to solve them, not to make a business out of them. It is needed to redefine the economic problem so that the well being of the individual becomes the center of attention, rather than the well being of the elite and their interests. It is needed to provide the people with the wider and more fulfilling meaning of life - not as a time to indulge solely in self-gratification; rather, as a passage to an eternal and fulfilling life. It is "man's last best hope on Earth". It is Islam

Made in the USA
Coppell, TX
05 July 2024